本书的翻译工作得到
中车云商（北京）信息技术有限公司
技术团队的大力支持

ASE 汽车职业技能提升指南

发动机维修（A1）

[美] 查尔斯 · 金瑟（Charles Ginther） 编
丁继斌　张海宁　译
吴学敏　主审

机 械 工 业 出 版 社

本书介绍了ASE考试中汽车发动机维修的考查项目、必须掌握的知识点和技能等，并给出了6套模拟考试题，书后附有答案，以及答题注意事项、知识点的提炼等。本书非常适合相关院校作为汽车专业考评的参考用书，也适合汽车维修企业作为维修工水平和能力测试的参考用书。

ASE Test Preparation Manual Engine Repair (A1)

Charles Ginther

ISBN 978-7-111-59113-9

Cengage Learning Asia Pte. Ltd.

151 Lorong Chuan, #02-08 New Tech Park, Singapore 556741

北京市版权局著作权合同登记　图字：01-2016-4295号。

图书在版编目（CIP）数据

ASE 汽车职业技能提升指南 . 发动机维修 . A1/（美）查尔斯・金瑟（Charles Ginther）编；丁继斌，张海宁译 . —北京：机械工业出版社，2018.3

书名原文：ASE Test Preparation Manual：Engine Repair. A1

ISBN 978-7-111-59113-9

Ⅰ . ① A…　Ⅱ . ①查… ②丁… ③张…　Ⅲ . ①汽车－发动机－车辆修理－指南　Ⅳ . ① U472-62

中国版本图书馆 CIP 数据核字（2018）第 023209 号

机械工业出版社（北京市百万庄大街 22 号　邮政编码 100037）
策划编辑：杜凡如　　责任编辑：杜凡如　谢　元
责任校对：陈　越　　封面设计：路恩中
责任印制：张　博
三河市宏达印刷有限公司印刷
2018 年 4 月第 1 版第 1 次印刷
184mm × 260mm · 10.5 印张 · 256 千字
0 001—3000 册
标准书号：ISBN 978-7-111-59113-9
定价：29.00 元

凡购本书，如有缺页、倒页、脱页，由本社发行部调换
电话服务　　网络服务
服务咨询热线：010-88361066　机 工 官 网：www.cmpbook.com
读者购书热线：010-68326294　机 工 官 博：weibo.com/cmp1952
010-88379203　金 书 网：www.golden-book.com
封面无防伪标均为盗版　教育服务网：www.cmpedu.com

译者序

ASE是英文National Institute for Automotive Service Excellence（美国汽车维修优秀技师学会）的缩写，是一家成立于1972年的非营利机构，主要职能是通过认证汽车售后专业人才来提高汽车维修和服务质量。ASE在美国教育、汽车维修和汽车制造行业专家的共同支持下，经过多年的努力，建立了一套科学完善的模块化汽车售后服务人才认证体系，包括认证标准、考题、教材等。ASE认证分为以下几个大组（相当于我国职业分类中的“细类”，即“职业”）：汽车维修、中/重型货车维修、货车装备维修、校车维修、事故车维修、新能源汽车维修、零件专员、汽车服务顾问、碰撞估损等，各个组别中分别设有多种证书，如汽车维修组中设有发动机机械、发动机性能、电子电气等8种证书，证书总共有50多种。学员只要通过一项考试，即可获得一张证书；如获得一个组别中的所有证书（如汽车维修组别中的8种证书），即可获得高级技师证书。为了促进证书持有人不断学习新技术，确保其维修水平不落伍，ASE将证书有效期设定为5年，5年后必须重新认证，否则证书自动失效。在美国，汽车维修人员一旦获得ASE证书，即意味着步入了汽车修理界的精英行列，将在汽车售后行业获得良好的就业和职业发展机会，因为ASE证书不仅得到了汽车售后服务行业雇主的认可，同时也得到了汽车制造企业和消费者的认可。目前，美国有30多万人持有有效的ASE证书。ASE认证为保障美国汽车售后行业的发展和人才供给做出了巨大贡献，客观上也保障了美国在用汽车的安全和环保，为促进就业和国民经济发展做出了贡献。

我国虽然连续多年位居全球第一大汽车市场，但汽车售后服务却一直是薄弱环节，尤其缺乏高端技能人才。借鉴ASE的成熟经验，在我国开展模块化汽车售后服务人才培训和认证是增加高端技能人才供给，提高汽车售后服务质量的有效手段，为此，我们翻译出版了ASE汽车职业技能提升指南丛书。

本套丛书主要介绍了ASE考试流程、任务列表（考试内容）和试题类型，以帮助学员在考试之前熟悉和了解ASE认证考试，并可通过书中模拟试题自测一下自己是否已为ASE正式考试做好了准备。本套丛书一共分为12册，每册内容架构基本相似，都由以下6个部分组成：ASE的历史和目的、考试介绍、试题类型、任务列表概述、模拟考试、标准答案及其解释等。其中，每本书给出一个认证模块的任务列表，即该模块认证证书的知识要求，ASE考试基本都是围绕这些任务列表来命题的。学员在备考时，应当对照各个任务列表来检查自己是否掌握了所有必需的知识。

ASE汽车职业技能提升指南丛书涉及汽车售后服务各方面的知识，包括汽车技术、维修诊断技能、排放检测、维修服务顾问、配件营销等多个领域，知识宽泛，专业性强，术语丰富，翻译难度较大。为了保证翻译质量，我们邀请了在汽车售后行业具有丰富维修和教学经验的专家参与了翻译，在翻译过程中字斟句酌，还查阅了大量相关资料，请教了很多业内专家。尽管我们力求翻译精准、语句通顺甚至优美，但难免还会有失误或偏差，敬请广大读者批评指正。

本套丛书的主要读者对象包括ASE备考人员、汽车售后服务从业人员、汽车维修及相关专业教员或讲师等。

最后，对于在丛书编译过程中提供了各种帮助的专家和一线技术人员致以诚挚的谢意！

吴友生

本书由南京工业职业技术学院丁继斌与张海宁合译。

目 录

Chapter 1

第一章 ASE 的历史和目的

ASE 是 Automotive Service Excellence 的缩略语，由美国国家优秀汽车维修学会（NIASE）于 1972 年创办，旨在通过汽车维修技师考试和认证，提高美国汽车维修质量。参与创办 ASE 的都是汽车领域的领头人，他们希望消费者可以借此正确地判断汽车维修技师的知识水平和能力。

如今，ASE 提供 40 多种认证考试，涵盖轿车、轻型 / 重型货车、校车、公交车、碰撞整修、局部修理、汽车服务咨询以及其他与汽车工业相关的领域。截至目前，全美超过 385 000 名汽修人员得到了 ASE 认证。这些专业人员就职于轿车或货车 4S 店以及独立的汽车修理机构等。

ASE 认证考试以行业为导向，突出实际的诊断和修理问题，旨在加强相关职业技能知识。至少通过 ASE 一项考试并提供两年相关工作经验证明后，才可以获得 ASE 单项认证证书。ASE 认证有效期为五年。要想保持 ASE 认证，必须再次参加考试换发证书。如果通过 ASE 八项考试，可得到“维修大师”认证。

ASE 既提供面向独立汽车维修技师的资格认证，也有适合维修厂、4S 店的质量认证项目，即优秀蓝印认证项目（The Blue Seal of Excellence Recognition Program）。“优秀蓝印”用作修理厂的门外标识，或悬挂于车主等候区，或印在电话簿（黄页）和报纸广告上，以便于车主们查找有“优秀蓝印”标志的修理厂。要想得到蓝印认证，维修厂必须至少有 75% 的汽车技师得到 ASE 认证。如有其他要求，可以访问 ASE 官方网站。

ASE 意识到，支撑汽车服务和维修行业的教育项目，也需要得到师资水平和教学设备的认证，证明可以为未来的汽车专业人才提供高质量的教学服务。通过 ASE，在汽车工业和汽车专业教育专家的共同努力下，1983 年成立了一个名为国家汽车技术员教育基金（NATEF）的非营利组织，对汽车类学术课程进行评估和认证。如今有 2000 多个汽车教育项目得到了 NATEF 认证。

如果希望获得更多关于 ASE、NATEF 或其他项目的信息，可以使用以下联系方式或直接访问官网：

地址：National Institute for Automotive Service Excellence (ASE)
101 Blue Seal Drive S.E.
Suite 101
Leesburg, VA 20175
电话：703-669-6600
传真：703-669-6123
网址：www.ase.com

Chapter 2

第二章 考试介绍

通过 ASE 认证考试即可证明汽车技师具有过硬的专业知识和维修技能，以及拥有维修现代汽车的资质。

如何注册考试

注意：自 2011 年 11 月起，ASE 已停止提供纸质考试认证。2012 年当年取消冬季考试，并从 2012 年 4 月起开始进行机考。

ASE 推出的机考（Computer-Based Testing，CBT），可以通过遍布全美的考试中心进行注册。参加考试的条件和要求可以通过访问 ASE 官网进行查询。同时，ASE 官网还提供了机考演示界面，帮助考生提前了解机考信息。

CBT 每年会安排 4 次考试：

1 月 /2 月——冬季考试期；

4 月 /5 月——春季考试期；

7 月 /8 月——夏季考试期；

10 月 /11 月——秋季考试期；

注意：考试实际时间请参考官网。

出题准则

ASE 试题均来自熟悉汽车维修咨询的行业专家组成的“ASE 试题组委会”。这些专家包括国内外汽车制造厂的维修代表、售后配件和设备制造商、在一线工作的技师和职业从教人员。所有考题都要在美国抽取的技师中进行预测试和质量检查，满足 ASE 质量和准确度的试题方可加入试题库。ASE 试题强调实用性，因此与技师每日所进行的维修、诊断息息相关。

根据 ASE 不同的考试项目，会有 40~80 道选择题需要进行回答。发动机维修（A1）测试的相关题目信息可以参照第四章。重新认证与首次认证相比，试题数量减半。

注意：试题中会包含基于统计研究为目的的题目，这些题目对你的分数没有影响。考试中不会进行特别标注，因此，最好完成全部试题。

ASE 试题使用包括年龄、种族和其他背景信息等多个标准，保证所有试题不包含对任何特定群体的偏见或反对。

考试技巧

答题前，先看一下试题数目，这有助于考生合理安排答题时间。答题时，先仔细阅读每道题干，再进行作答，可以把不会做的题目留到最后进行回答。

选择题因为选项的相似性以及部分正确的特点，往往并不容易作答。因此，考生最好在浏览选项前，就想出正确答案。如果在选项中看到了自己的"正确答案"，在选择前，也要看看其他选项有没有比这个更加全面的。如果不确定或不知道正确答案，可以采用排除法进行选择：仔细阅读每个选项，排除你认为是错误答案的选项。如果考生完成了全部试题，仍然有一些无从选择，可以尝试进行猜测，这样仍然有 25% 的得分可能性。

考生不要听信一些所谓的"答题技巧"，比如：

（1）有些人会建议考生不要选择带有确定含义——"全部，总是，从来不，只有一个"的选项，依据是"世界上没有绝对的事情"，他们会建议考生选择带有可能性词语的选项——"有时，经常，总是，很少，一般"。

（2）有些人还会建议考生避免选择 A 或 D 选项，因为他们认为出题人更倾向于将正确答案安排在 B 或 C 这两个选项上。

（3）还有些人会建议考生选择四个选项中语句最短或最长的那个。

（4）也有些人建议考生相信第一感觉，不要轻易对选项进行改动。

ASE 的所有考题都经过抽取的技师进行预测试和质量检查，以满足 ASE 质量和准确度，因此，并不存在上述所谓的"答题技巧"。

如何备考

Delmar 圣智学习出版公司希望为考生提供全面的复习指导。本书包含数百道考题，通过这些试题，考生可以清楚地了解 ASE 考试，并且知道自己哪一部分知识还需要加强。

第三章介绍了 ASE 试题的类型描述和解释，为考生建立 ASE 试题框架。

第四章帮助考生了解 ASE 主要评估哪种能力，侧重点是什么以及试题数量分布。

第五章准备了模拟考试题，以供考生练习使用。答题结束后，可以查阅第六章的参考答案及详细解释进行比对。通过比对得到的反馈，可以帮助考生及时调整自己的备考进度。如果对参考答案存在疑问，可以返回第四章的任务列表寻求帮助，所有的答案详解都标注了考查范围（比如任务 A.1）。如果考生对此部分还存在疑虑，请查阅相关教材和教学资源等进行深入学习。

第五章共有 6 套模拟考试题，我们建议考生完全模拟正式的考试进行一次答题。然后比对第六章的参考答案或者相关的任务信息，对错题进行分析。

最简单有效的方法是研读技术教材，最难改变的是导致你出现错误的习惯行为。如果你理解题目信息，然而还是做了错误选择，这就需要考生修正自己的答题行为：有可能是读题过于匆忙或是遗漏了关键词导致了这样的错误发生。如果你能够找到导致出现错误的根本原因，那么就可以有针对性地进行练习，以提高分数。

以下是一些基本复习指导：

1）考生要专注于薄弱项目的学习。

2）考生要对自身知识掌握有正确的认识。

3）合理利用学习时间。

4）学习的时候不可一心二用。

5）考生需谨记，学习的最终目标不仅仅是为了通过考试，而是自己真正掌握相关的知识技能。

6）考前注意合理饮食，保证充足的睡眠。

7）提前到达考场，有序入场。

8）合理利用考试时间，检查试卷有无遗漏或错误。

9）尽可能回答全部试题，不要有空置，空置的题目绝对会扣分。

考试必备：

1）有效的身份证件。

2）准考证。

3）手表（并不是所有考场都有钟表）。

注意：教材、计算器以及其他参考资料都禁止带入考场。考生允许携带英语词典或术语词典进入考场。监考官将对考生携带的物品进行检查。

考前说明

考生进入 CBT 考场后，监考官会进行考前说明。CBT 考试中，每道题只有 1 个正确选项，允许考生在答题时间内随时修改自己的答案，也允许考生按照自己的顺序进行答题，随时快进或后退。

考试时间

根据考查科目的不同，考试时间从 0.5~2h 不等。考生还会有额外的 30min 用来了解考试细则等信息。考生第一次注册 CBT 考试的时候，可以同时报名多个项目认证考试，允许的最长考试时长为 4.5h。如果超过 4.5h，考生需要重新注册。根据报考科目的不同，考试有可能安排在同一天的上午或下午，也有可能安排在不同的日期，详细的考试日期请参考 ASE 官网。

如果考生迟到，将不会给予时间补偿，考生只能在规定的时间内完成考试。考生需要根据考试题目数量合理安排自己的时间，防止无法按时完成考试。同时，在考试中，如果考生因故想暂离考场，必须得到监考官的许可；只有在规定的时限内，考生方可提前离开考场。

评分准则

更好地理解 ASE 评分标准，可以帮助考生取得更好的成绩。ASE 认证考试的评分由与 ASE 或者汽车行业没有关系的独立机构完成。

每道试题所占的分值都是相同的，比如，有 50 道试题，那么每道试题的分数都为 2 分。

考试结果说明：

1）考生的汽车相关知识水平满足了相关要求。

2）考生的汽车相关知识仍然需要夯实。

ASE 分数报告根据所考查的项目进行展示，列出了各项中试题数量以及考生得分情况。报告可以帮助考生了解自己在各项中的表现，明确自己的强项和薄弱项。需要注意的是，由于各部分试题数目不同，ASE 认证无法计算平均分。

考生需要认识到，ASE 考试并不存在“失败”这一说法。技师没有通过认证只能说明其仍然需要大量的复习准备工作。在反思失分原因的同时，需要注意各项目的试题数目。ASE 认证考试全方面考查了技师在各项目中的技能与知识，因此，考生在复习时应做到全面，无论哪一个项目的低得分都有可能导致考生无法通过认证。当然，考生可以在注册期内的任意时间参加认证考试，不受参加次数的限制。

Chapter 3

第三章 试题类型

在备考中，考生除了要熟悉考试内容以外，还应该对试题类型有所了解。本章主要展示了 ASE 认证考试中出现的题型以及常规错误。

考生无论参加的是初次认证考试还是再认证考试，考试内容均相同，只是在试题数目上有所差异。如果参加的是初次认证考试，试题数量为 40~80 道；如果参加的是再认证考试，试题数量比初次认证考试减半。第四章会详细介绍初次认证考试中各考查项目中试题数量信息。

ASE 认证考试的试题均为单项选择题，这样可以有效地考察考生的知识水平。每道题目，考生均需要对给出的四个选项进行分析，选出一个最合题意的答案。考生切忌匆忙读题所导致的盲目选择。

ASE 考试中有 10% 左右的试题有相应配图。配图包含了题目所需的所有信息。考生需要在答题前仔细研究配图，避免盲目答题或考虑不全面。

简单结论型

这类试题是 ASE 试题中最常见的一类。这类试题一般由题干和四个选项组成。其中，三个选项为干扰项。这类试题可以直观地考查技师知识掌握的牢固程度。

请看例题：

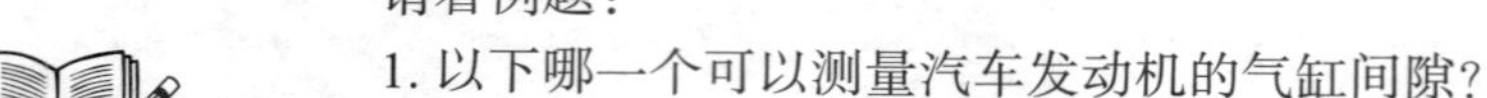

TASKB.15

1. 以下哪一个可以测量汽车发动机的气缸间隙？

A. 百分表

B. 塞尺

C. 外径千分尺

D. 带表卡尺

选项 A 错误。百分表用于测试偏摆程度。

选项 B 正确。塞尺用于测量气缸间隙。

选项 C 错误。外径千分尺用于测量轴承间隙。

选项 D 错误。带表卡尺主要用于测量外部高度或内部尺寸，不可用来测量气缸间隙。

TASKE.2

2. 具有电子节气门控制的车辆查到一个加速踏板位置故障码。技师在使用扫描工具观察加速踏板位置传感器电压时，移动线束，传感器电压也随之发生变化。以下哪一个是最有可能导致诊断故障码出现的原因？

A. 扫描工具故障

B. 电子控制模块（ECM）故障

C. 加速踏板位置传感器线束故障

D. ECM 电源故障

选项 A 错误。当移动线束，电压改变时，与扫描工具故障无关。

选项 B 错误。当移动线束，电压改变时，与 ECM 故障无关。

选项 C 正确。当移动线束，电压改变时，那么最有可能是因为传感器线束故障引起的。

选项 D 错误。当移动线束，电压改变时，ECM 其他部分工作正常，那么最可能引起该故障的原因应该为传感器线束问题。

补充完整型

补充完整类试题需要从四个选项中选取一个最合适的，将题干描述补充完整即可。

请看例题：

技师参考电路图最希望找到：

A. 电源和接地端电路分布

B. 接地端位置

C. 更新故障模式

D. 电气故障排查流程图

选项 A 正确。电路图有详细的电源、接地端分布展示。

选项 B 错误。电路图一般不会包含接地端位置信息。

选项 C 错误。技术维修手册才提供故障模式。

选项 D 错误。电路图不提供故障排查流程图。

判断对错型

这类试题往往会给考生“技师 A 说”和“技师 B 说”两个句子，让考生判断对错。考生需要判断这两人的说法是都对还是都错，或者只有一人正确。

这类试题会给出两位技师谈话的背景，帮助考生进行分析。相比其他类型试题，这类试题最简单，因为只需要进行两个选项的判断。回答这类试题时，考生需要分别分析两位技师的语句，判断哪位说得正确。

请看例题：

TASKA.4

汽油发动机前部附件驱动机构可以听到噪声。技师 A 建议拆下传动带，帮助找到噪声源。技师 B 建议把水滴在传动带上，判断噪声点。他们两人谁说得对呢？

A. 技师 A 对

B. 技师 B 对

C. 两人都对

D. 两人都错

选项 A 错误。技师 B 也正确。

选项 B 错误。技师 A 也正确。

选项 C 正确。两人都对。发动机拆掉传动带短时间运转，可以判断传动带是否是噪声源。同样，如果水滴在传动带上后，噪声消失，那么传动带就是噪声源。

选项 D 错误。两人都对。

“除了”型

这类试题的四个选项只有一个是错误的。考生需要仔细读题，不要被正确的语句所迷惑，导致失分。

请看例题：

TASKA.3

技师们正在查找汽油发动机的漏油点，以下除了（ ）工具，其余都可以帮助技师查找泄漏点?

A. 黑光

B. 白色粉末

C. 真空计

D. 油性染料

选项 A 错误。黑光可以帮助确认泄漏点。

选项 B 错误。白色粉末可以帮助确认泄漏点。

选项 C 正确。真空计不可以帮助确认泄漏点。

选项 D 错误。油性染料可以帮助确认泄漏点。

“最不可能”型

这类试题与“除了”类型试题相似。正确答案就是四个选项中说法错误的那个。

请看例题：

TASKB.7

以下四个选项中，哪一个最不可能引起点火模块故障?

A. 火花塞线路断路

B. 润滑脂消耗完全

C. 火花塞污垢

D. 模块螺钉松动

选项 A 错误。次级点火元件故障是引起点火模块故障的主要原因。

选项 B 错误。一些点火模块需要使用润滑脂帮助散热。

选项 C 正确。火花塞污垢可能导致发动机失灵，但不会引起点火模块故障。

选项 D 错误。螺钉松动会引起点火模块故障。

总结

本章列举了考生在 ASE 认证考试中会遇到的所有题型。ASE 认证考试试题不包含填空、判断对错、词语匹配或者论述。同时，也不会要求考生画图或列表。试题中会提供可能用到的公式。

Chapter 4

第四章 任务列表概述

说明

本章讲述了发动机维修（A1）认证考试要求掌握的内容范围或任务列表。

任务列表即技师为完成某个技术领域相关的作业所需掌握的实际知识和技能。任务列表是一个基本准则，帮助你了解哪些领域可以接受测试，以及每个领域如何加权，包括在 ASE 认证考试中该领域需要回答的问题数量。要注意考试题目数量或相关技术领域仅可作为一个参考。考试中的问题数量可能与任务列表中的数量不一致。任务列表是专门设计用于告诉你 ASE 希望你知道该怎么做和帮助你为测试进行准备。

任务列表为 ASE 实际考试范围提供参考，Delmar 圣智学习出版公司利用这个任务列表，已经开发了六套模拟试卷，见本书第五章。需要注意的是，尽管 ASE 和 Delmar 圣智学习出版公司使用相同的任务列表作为参考构建了这些测试题，但在本书中出现的测试题不会出现在 ASE 实际现场考试中。对你使用的任何测试准备材料来讲，它是真实的。真正的考试题仅在 ASE 实际考试中才可见到。

任务列表概述

发动机维修（A1）模块关注 5 个核心领域，在认证考试中可能有 62 个问题，要点分解如下：

1）发动机一般诊断（9 个问题）。

2）气缸盖和气门传动机构诊断和维修（17 个问题）。

3）发动机缸体诊断和维修（16 个问题）。

4）润滑和冷却系统诊断和维修（13 个问题）。

5）燃油、电气、点火和排气系统检查和维护（7 个问题）。

根据这些信息，饼状图显示的是一个一般性的指导原则，它表明在实际认证考试中，哪个领域最受关注。这个数据可以帮助您安排考试准备的时间。

> **备注：**在 ASE 认证考试中，你得到的实际考题数量可能与任务列表提供的信息稍有不同，作为考试，可能包含了某些仅用于统计研究目的的问题，但你对这些统计研究问题的回答不会影响你的成绩。

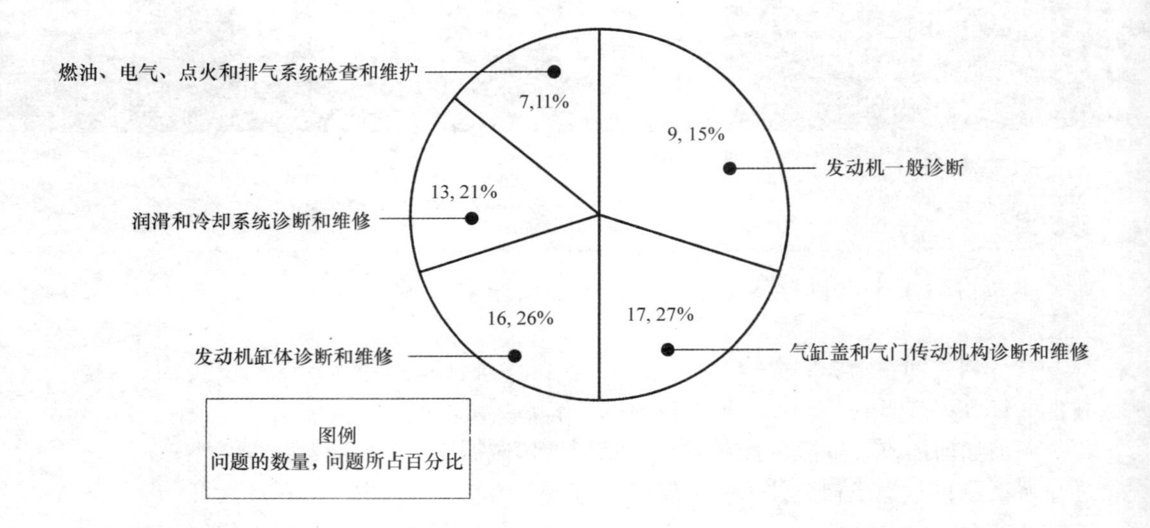

A. 发动机一般诊断

1. 核实驾驶人的抱怨并进行路试以确定必要的作业

在现代化的汽车维修店环境下，一个客户服务专员或服务顾问通常负责收集来自客户的信息以便在解决客户的问题过程中帮助技师。有了这些信息，技师必须对问题进行直观判断并分析原因。

技师可利用的最重要的工具之一是进行路试。在路试中，有可能确定问题和其他与问题相关的影响因素。在确认客户的问题后，技师必须确定最有效的诊断途径。技师检索可用的信息系统，查看正在诊断的问题是否是技术服务公告或服务活动中所描述的问题。在某些情况下，可能需要陪同客户驾驶车辆，以便客户能重现投诉的确切情景。

在发现问题并解决后，技师通过路试可核实该问题是否已经解决，且在维修后不能产生其他问题。

2. 确定发动机曲轴是否无法转动、可转动但不能起动或起动困难的状态是发动机机械问题还是由汽车其他子系统引起的

如果用起动机不能起动发动机，问题的范围可能从起动机故障到发动机内部部件损坏。当起动机工作时，如果没有来自起动机动作的声音，应首先关闭点火系统，然后手动按正常旋转方向转动曲轴传动带轮。若曲轴可以自由旋转两圈，则下一步的诊断应是汽车的起动系统。

如果手动无法转动曲轴，发动机可能被液压顶死或内部部件已损坏。为检查是否发动机被液压顶死，可拆下所有火花塞，并试图再次转动曲轴。若

机油或冷却液从火花塞孔喷出，表明气缸垫损坏、气缸盖或缸体变形、气缸盖或缸体开裂或客户驶过深水。从火花塞孔喷出水说明客户可能驶过了一个深水坑，通过进气口吸入了水。

如果火花塞拆除后，曲轴仍无法转动，或无法完整地转过一圈，则说明发动机可能被卡死或内部零件已破碎。拉出机油尺，检查曲轴箱油位。如果在油尺上看不到机油，则活塞可能被熔化粘结在缸筒中或连杆与曲轴咬死。如果油量充足，则可能是某个坏的部件被卡在气缸体内部运动部件之间，阻碍了零件的转动。

许多顶置凸轮轴发动机属于非自由转动或“有干涉”的发动机。在这些发动机上，曲轴不能转动的状态可能是由活塞与气门相接触引起的。当正时传动带打滑或损坏时，这种情形比较常见，但它也可能发生在装有正时链条和链轮的发动机上。许多传动带驱动的发动机，其正时传动带罩盖很容易松开或拆下，若可能，就这样操作并查找传动带损坏的明显迹象。

如果客户车辆的情况是起动机可以转动发动机，但不能起动（或需要起动很长时间）。在你试图起动之前，先确认气门传动机构运转正常，若传动带断裂或链条或跳齿，后续的起动可能会导致发动机严重损坏。

发动机不能起动或起动困难可能是由点火失败、燃油或排放控制系统故障、发动机内部部件严重老化所引起的。这些故障也可能是由气门传动机构正时部件损坏或滑动导致，特别是在可自由转动的发动机上。正时装置损坏可能会造成某些气缸压缩良好，而其他气缸没有压缩压力。滑动后的正时装置可能导致所有气缸压缩压力低。为确认正时传动带或链条工作正常，可在手动转动曲轴时观察分电器分火头或凸轮轴转动情况。若这些部件不能随曲轴转动，则正时传动带或链条已经损坏。若正时传动带没有按照制造商的规定间隔更换，传动带齿会被传动带轮齿损坏，这是一种常见现象，尽管在目测检查中，正时传动带表面完好无损，但它们不能随发动机转动而转动。若分火头或凸轮轴能随曲轴转动，需确认分火头或凸轮轴的标记以确定正时皮带或链条是否已滑动。转动曲轴直到 1 缸活塞到达压缩上止点，然后检查分电器分火头或凸轮轴位置以确保其正确。

大多数技师会在检查燃油或机械问题之前，先检查是否有高压火花。在检查高压火花的过程中，要求使用一个工具“火花检测仪”，将其安装在一个火花塞帽处，然后起动发动机同时观察是否有高压火花。某些无分电器的点火系统无法使用这种测试方式，但可使用合适的次级点火示波器进行测试。

燃油喷射式发动机通常从电动燃油泵得到高压燃油。为验证燃油泵的运行状况和燃油是否已经到达发动机，找到向节气门体或燃油喷射器油轨提供燃油的管路，在安装燃油压力表后，打开点火开关，不起动发动机。如果压力表不显示任何压力或压力非常低，继续诊断燃油系统。如果燃油压力足够，开始诊断燃油喷射控制系统。

3. 检查发动机总成是否有燃油、机油、冷却液和其他方面的泄漏，确定必要的作业

确定液体泄漏源可能是困难的。先确定正在泄漏的液体类型，有助于减少可能泄漏位置的数量。

机油通常会从密封不良的垫和油封处泄漏，也会从铸件裂纹、损坏的压力开关或传感器以及油道锥形堵塞松动处泄漏。机油可能会从发动机较高部位泄漏（如 V 形发动机进气歧管的后油封）并流落到发动机上，并出现在发动机油底壳后部。不要推定潮湿的部位就是泄漏源。应清洁该部位，然后运转发动机查找最新泄漏的液体。同样也不要立即推定只是一个有泄漏的油封或密封垫损坏。气缸窜气过多或压力控制阀（PCV 阀）故障会使曲轴箱压力升高，强迫机油穿过密封良好的油封或垫造成泄漏。针对难以发现的泄漏，可向曲轴箱内喷入少量的荧光剂并运转发动机来查找。当紫外线照射在发动机上时，含有荧光剂的机油会发光，从而显现出泄漏点。白色的喷雾底粉也有助于发现泄漏点。首先彻底去除泄漏周围的油污，用白色喷雾底粉喷洒该区域，起动并驾驶车辆，然后观察此区域。白色的喷雾底粉提供了一个明亮的背景色，会使泄漏检查更容易。

燃油可能从连接松动处或损伤的部件处泄漏。查看胶管卡子和燃油管的安装情况。检查胶管是否溶胀、开裂和在摩擦处损伤。检查金属管是否开裂和腐蚀。检查连接处 O 形圈及燃油压力调节器（常安装在节气门体或燃油轨处）是否泄漏。

我们都知道用于密封缸体以及缸盖冷却系统通道的堵头，常常有许多不同的名称，在本书中将使用堵头这个术语。

腐蚀的堵头常常是冷却液的泄漏点，如同损坏的胶管和水泵。还要检查冷却液温度传感器、传感器和热敏真空开关。某些发动机在缸体和缸盖后部装有堵头。若该发动机消耗冷却液，但又没有冷却液泄漏的痕迹，应检查机油的液位和状态。冷却液可能泄漏进入曲轴箱，也有可能泄漏进入燃烧室。

在装有动力转向系统的车辆上，应检查转向液的液位。泄漏的动力转向液常被误认为是机油或变速器油。当检查油液泄漏时，应注意油液的颜色。棕黑色通常是机油，红色通常是变速器油，而较清澈的是动力转向液。

4. 分辨发动机噪声和振动，确定必要的作业

发动机部件不同类型的损坏常常产生特有的声音。首先需要确认该噪声确实来自发动机。一个有故障的水泵、发电机、动力转向泵、空调压缩机或空气喷射泵会产生来自发动机内侧的噪声。松动或损坏的附件安装支架也会导致噪声似乎是来自发动机内部。用听诊器听每个附件以确定它是否是噪声源。若不能确定，可暂时从此附件上拆下传动带防止其工作。

曲轴主轴承和连杆轴承故障常会产生很深且有节奏的敲击声。主轴承的敲击通常是较大的噪声，在发动机刚被起动后则更明显。连杆轴承也会导致

很重的敲击声，也可能伴有机油压力较低的现象，特别是在怠速时。在测试气缸工作均匀性时，当连杆轴承有故障的气缸停止工作时，该敲击声将减小。飞轮固定螺栓松动也会在怠速时引起较大的噪声。凸轮轴轴承通常不会产生噪声，除非轴承严重磨损。

活塞和气缸的磨损在加速时会造成连续的敲击噪声。在做气缸工作平衡性试验时，当有故障的气缸被中断工作时，活塞的噪声会增加（与连杆轴承不良相反）。活塞销间隙过大，常在发动机怠速时产生双击式噪声。

挺杆也会产生一种响亮的独特噪声。分辨挺杆噪声（或其他气门传动机构）与连杆轴承噪声的一个方法是记住凸轮轴转速是曲轴转速的一半。对于发动机刚起动后几秒内因过多泄漏而产生的“嗒嗒”声，一旦完全建立油压噪声则会消失的情况属于正常现象。

振动会由发动机附件导致，但更多的是由发动机内部故障引起的，如轴承或活塞。某些振动来自损坏的扭转减振器，由此导致的振动可被识别，这是由于它们一般发生在特定的发动机转速，比如 750r/min、1500r/min 和 2500r/min。振动也会由平衡轴正时错误导致，这些轴由链条、传动带或齿轮驱动。

5. 诊断机油和冷却液过度消耗、排气颜色和气味不正常的原因，确定必要的作业

机油消耗过度可能是由于机油从发动机泄漏或流进气缸内燃烧引起的。在归咎于内部部件前，应确认机油没有从发动机内泄漏出来。在某些情况下，仅在发动机运转时产生机油泄漏。必要时，可用举升器升起车辆，在发动机运转时查找泄漏源。也应检查散热器和冷却液储液罐，看是否有机油泄漏进冷却系统的痕迹。

机油能以不同途径进入气缸，包括：磨损的活塞环、刮伤的气缸壁，磨损的气门导管、气门密封件和气门杆，老化的增压器油封，以及回油通道的堵塞。一般来说，一台烧机油的发动机将排出蓝灰色的浓烟，特别是在加速和减速时更明显。不要将蓝灰色的烟与因空燃比过浓导致的黑色浓烟混淆。

缸盖和缸体中机油回流通道被阻塞也会导致机油消耗过量，即使活塞环和气门导管处于良好状态。检查时，取下机油加注口盖或安装在气门室盖上的其他部件，起动发动机。若气门室内的机油液面在发动机运转时稳定增高并达到气门导管上部，表明回流通道堵塞。虽然这些通道的油泥通常可以清除掉，但出现这些油泥表明该发动机缺乏正常维护。清洁通道或许可减少机油消耗，但发动机将来可能会产生其他问题。在冷却系统发现的机油可能来自机油冷却器内部（在散热器储液室内）或来自顶置凸轮轴发动机气缸垫。

进行压缩压力测试（A8 任务）和气缸泄漏测试（A9 任务）以确认活塞环 / 缸筒或气门导管是否磨损。

若发动机是增压型的，先按非增压机型那样进行机油消耗的诊断。机油消耗过大，涡轮常被大家诟病，大约有一半被质保返回的涡轮是没有问题的。若在增压器压缩腔或进气歧管内发现机油，应检查从涡轮至缸体的回油通道，

若通道阻塞，机油在压力下将被强迫通过涡轮油封并通过进气系统进入发动机。还应检查 PCV 系统。若 PCV 阀在增压状态下无法关闭，曲轴箱将被加压，最终这将施压于涡轮回油通道，迫使机油进入涡轮室。

同机油消耗一样，冷却液消耗可能因冷却系统的冷却液泄漏或进入发动机（或乘员舱）导致。首先应进行冷却系统压力测试（D3 任务）排除外部泄漏的原因。若在压力测试中，冷却系统压力下降，但没有发现泄漏，检查机油液位和状态。冷却液泄漏进入曲轴箱将使机油液位变高。若冷却液被吸进燃烧室，排气将会是灰色或白色。发动机将持续排出这种烟，一段时间后，湿气会从排气系统中清除。对装有发动机电子控制系统的车辆，冷却液进入排气系统将会污染氧传感器。

发动机某些问题可通过在排气尾管处听排气脉动来诊断。若所有气缸燃烧正常，排气脉动应该稳定。固定间隔的排气噪声通常表示由于压缩、点火或燃油系统故障导致气缸失火。无规律的排气噪声通常由点火或燃油系统故障导致，发动机怠速也会不稳定。

急加速时的高频尖锐噪声可能是由排气系统，特别是排气歧管或排气管的微小泄漏引起的。这种泄漏出现在怠速时的噪声也是明显的。

另一种常见的发动机噪声是发动机怠速和低速时的哨声，应检查进气歧管垫是否泄漏。另外应检查真空管是否开裂或脱落。当发动机加速、进气真空度降低时，真空泄漏的哨声逐渐降低。

对装有三元催化转换器的车辆，排气具有强烈的硫黄或臭鸡蛋味表示空燃比过浓。

6. 进行发动机真空测试，确定必要的作业

真空测试可用于帮助确定发动机故障的原因。真空表应直接连在进气歧管上。

在正常工作的发动机上，怠速时真空表读值应在（27~45kPa 绝对压力值）且保持稳定。某些不正常的真空表读值及其相关的典型问题是：

1）稍低但稳定的读值可能表示点火正时推迟。

2）非常低但稳定的读值可能表示进气歧管有明显的泄漏。

3）气门烧毁或泄漏可能引起真空表波动。

4）气门弹簧弹力弱可能导致真空表波动。

5）气缸垫泄漏可能引起真空表波动。

6）气门卡滞会导致真空表波动。

7）当发动机加速并保持在较高转速时，真空表指针会逐渐回落，说明三元催化转换器或排气系统其他部件已经阻塞。

7. 进行各缸动力均衡性测试，确定必要的作业

在一台完好的发动机上，每个气缸都输出相同的功率。分辨一个或多个气缸动力损失的方法是做动力均衡性测试。在大多数发动机上，该测试是利

用短时中断单个气缸的点火以便在该气缸没有动力贡献时测量下降的转速。断缸测试时间应尽量短，以防止催化转换器损坏。没有做功贡献或贡献较弱的气缸在它们被中断做功时，发动机转速下降较小或根本没有下降。在电控燃油喷射发动机上，许多制造商设计有用动力控制模块（PCM）和扫描仪进行气缸均衡性测试的能力。绝大多数带有车载诊断（OBD-II）系统的车辆将快速察觉和识别不良气缸，并显示与发觉的问题和受影响的气缸相关的故障码。

当一个或多个气缸没有通过动力均衡性测试，需要判断其原因是否是机械性的，如气门、内燃机效率，或者与发动机管理相关。发动机管理问题包括喷油器泄漏或损坏（完全不提供燃油），点火部件故障，如火花塞、无分电器点火系统的点火线圈、高压线等。动力均衡性测试通常是气缸压缩或泄漏测试的前一步。这些测试将确认机械问题，而使用数字式示波器或扫描仪进行电气诊断可以确认发动机管理方面的问题。

8. 进行气缸转动压缩压力测试，确定必要的作业

在进行压缩压力测试前，必须先中断点火和燃油喷射系统工作。在压缩压力测试中，节气门固定在打开位置，转动发动机，每个气缸必须完成 4 个压缩行程。记录每个行程的压缩压力读值，并与制造商规范进行对比。若发动机性能可被接受，则稍低的压缩压力读值属于正常。超过 20% 的压缩压力读值差（最高与最低读值）需要引起注意。应进行湿式压缩压力测试以帮助确诊压缩压力低的原因。为进行湿式测试，向气缸内喷入稍许机油并等待 30~60s 以便使机油流入活塞环周边，然后重新测试压缩压力。若压缩压力显示明显改善，则原因很可能是活塞环和缸筒磨损。湿式测试通常不能密封已泄漏的气缸垫或气门，若这些部件有问题，在湿式测试中压缩压力读值将会很小或没有改善。压缩压力读值解释如下：

1）当所有气缸的压缩压力读值基本相等，但比规范明显偏低时，可能活塞环或气缸壁磨损。若所有气缸压缩压力都低，且转动中旋转自如，检查气门正时，正时传动带或链轮可能已跳齿。

2）一个或多个气缸压缩压力读值低表明活塞环磨损、气门泄漏、气缸垫窜气、凸轮轴磨平或气缸盖开裂。通过泄漏量测试可缩小问题原因的范围。

3）邻近两气缸压缩压力都低，很可能由于气缸垫泄漏或气缸盖开裂。

4）若某个气缸压缩压力读值为 0，通常是因活塞熔孔或排气门严重烧损。若压缩压力读值为 0 是由于活塞熔孔，则发动机曲轴箱将会有过量的窜气。

5）比标准高的压缩压力读值通常表明有积炭沉积于燃烧室内。

9. 进行各缸泄漏测试，确定必要的作业

在气缸泄漏测试中，使被测气缸的进、排气门均处于关闭状态，将车间压缩空气经调压后注入气缸。泄漏测试仪上的表头指示该缸泄漏的百分比。

0% 的读值表示没有气缸泄漏。若读值是 100%，则该气缸没有保留住任何空气。

若气缸泄漏超过 20%，可通过听在排气尾管、曲轴箱（通过机油加注口或 PCV 阀）和进气系统（节气门体或化油器）处空气的流动声确定泄漏源。空气从尾管流出表明排气门泄漏。若空气从来自 PCV 阀或打开的气门室盖，则表明活塞环泄漏。若空气从节气门体或化油器上部流出，则表明进气门泄漏。取下散热器盖，检查冷却液是否有气泡，如果有气泡则表明气缸垫泄漏或气缸盖开裂。若空气从相邻两气缸流出，表明气缸垫损坏，或气缸体、气缸盖有裂纹。

B. 气缸盖和气门传动机构诊断和维修

1. 拆卸气缸盖，分解、清洁和检查前的准备工作

必须在冷机状态下拆卸缸盖，若在热机状态下拆卸缸盖，可能会造成气缸盖翘曲，特别是铝缸盖。

按照与拧紧顺序相反的顺序松开缸盖螺栓，然后拆下缸盖螺栓。注意并记录特殊螺栓的安装位置。从发动机上拆下缸盖，缸盖比较重，可请求助手协助，特别是当发动机仍安装在车上时。

使用弹簧压缩工具压缩气门弹簧，取下气门锁片，松开压缩工具，从缸盖上取下弹簧上座、旋转装置、弹簧和弹簧座。保证所有零件按序摆放以便能按照原气缸位置装回。检查气门杆端部是否呈蘑菇头状，若是，必须在从缸盖上取下前将其修整，然后从缸盖上取下气门并按顺序摆放。

当从顶置凸轮轴发动机上拆卸缸盖时，必须先从凸轮轴上取下正时传动带或链条。某些采用链条驱动凸轮轴的发动机，其凸轮轴链轮与凸轮是脱开的，因此拆卸缸盖时，可将链条和链轮保留在发动机上。某些采用传动带驱动凸轮轴的发动机，其传动带张紧器被松开后，即可将传动带推离凸轮轴传动带轮。在某些发动机上，正时罩盖和螺栓必须完全从发动机上拆下。若要从发动机上取下正时传动带并重复使用，应在传动带上标注转动的方向以保证再次安装后其转动方向与原来相同。在正时装置已被松开或取下后，直到拆下缸盖前，切不可转动发动机。松开或拆下正时传动带后转动发动机会直接导致发动机严重损坏。

缸盖的拆卸步骤随制造商不同而有所变化。在某些顶置凸轮轴发动机上，在松开并取下缸盖螺栓后，缸盖、凸轮轴和摇臂（若装有）可作为一个总成拆卸。在某些发动机上，必须先拆下摇臂轴和摇臂总成（包括凸轮轴轴承上半部分）才能接触到缸盖螺栓。有关信息可参考相应的维修手册。

铝缸体和缸盖的许多表面被抛光到类似镜面的程度，在适当的脱脂溶液中清洗这些部件后，可用软钢丝轮人工清除或在喷砂柜内清除积炭。在这两种情况下，必须确保垫的表面保持它们的原始状态。在光滑表面上使用抛光轮会导致新垫提前失效。在清除沉积物后，必须仔细清除缸盖沉积物和旧垫

残留物，以确保没有残渣，以防堵塞通道。许多制造商推荐使用塑料刮刀和软化垫的化学制品以便取下旧垫。请务必遵循制造商的建议以保证维修质量。

2. 目视检查气缸盖是否破裂、变形、腐蚀、泄漏以及各通道的状态，确定必要的作业

从任何发动机上拆下的缸盖都应认真检查，对于带有严重机械问题（如气缸垫窜气、冷却液消耗、过热、机油油垢等）的缸盖更应受到特殊关注。首先观察旧的气缸垫以确定是否能看到有问题的部位，若有，将这些部位与气缸盖上相应接触区域进行比对。

检查气缸盖是否开裂，对燃烧室和进排气门之间的区域要特别留意。对铸铁缸盖，可使用磁力探伤仪和磁粉进行裂纹检查。染色渗透剂可用于确定铝缸盖上的裂纹。在机加工工厂可使用压力测试方式确定难以发现的裂纹。在这类测试中，所有冷却液的通道用金属板封死。用压缩空气充满缸盖中的冷却液套，然后将气缸盖浸入水槽，缸盖上冒出气泡的地方就是实际泄漏部位。

使用刀口尺和塞尺在几个位置检查气缸盖是否翘曲。查找制造商维修手册上的规定值，翘曲超标的气缸盖必须重新加工表面或更换。

对于顶置凸轮轴发动机，在加工和再次安装气缸盖前，务必还要检查气缸盖凸轮一侧是否变形。若超过制造商的规定值，将会造成凸轮轴受力不当、弯曲，甚至断裂。

尽可能彻底地检查气缸盖上的所有冷却液通道。用手电筒照射冷却液通道查找是否有腐蚀、锈蚀或堆积有残渣。冷却液套中有严重点蚀的气缸盖必须进行更换。

3. 检查和维修损坏的螺纹（若允许），安装堵头

当拆除或安装一个零部件时，仔细检查所有螺栓、螺柱、螺孔和螺母的螺纹是否有损伤。剥落、错扣、刻痕、滚丝和腐蚀的螺纹会导致拧紧力矩值不准确。用压缩空气吹去螺纹孔中的杂质。残存在螺孔中的异物，诸如金属屑和液体，会导致螺栓未拧到底而达到力矩值，但实际并未获得需要的夹紧力。检查螺栓和螺柱是否扭曲或因过度拧紧而龟裂的迹象。更换有缺陷的螺栓和螺柱。确保螺母未变形或开裂，更换自锁螺母及有缺陷的螺母。清洁和修整螺纹。如果螺纹损坏无法使用，对螺纹孔钻孔和攻螺纹，然后嵌入被核准的钢丝螺纹套。使用核准的螺柱拆卸器拆下损坏的螺柱和螺栓。堵头是冲压的金属堵头，这些堵头往往从内部开始损坏，因此堵头的状态不能靠外部观察来确定。这些堵头在气缸盖大修过程中都必须更换。若它们已经开始泄漏，在维护发动机时也需要进行更换。堵头是一个典型的金属盖，需要用正确的压装工具压入。技师通常会在安装前，在堵塞的外缘上涂抹密封剂。在市场上有一种橡胶膨胀堵，当需要更换堵头的发动机仍在车上时，可以用这种橡胶堵。油道的堵头可以是锥形管塞或直螺纹 +O 形圈。锥形管塞应在安装前涂抹密封剂；而直螺纹 +O 形圈可不必如此。这两种堵头都应使用扭力扳手安装。

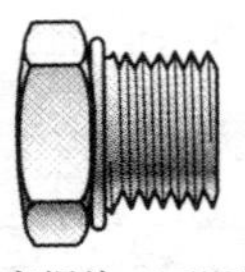
直螺纹+O形圈

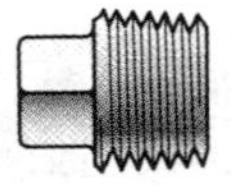
锥形管塞

4. 检查、测试和确认气门弹簧的垂直状态、压力和自由高度，必要时更换

气门弹簧检测仪用于测量气门弹簧的压力和张力。必须仔细检查气门弹簧使其自由高度符合标准值且不向一侧歪斜，当放在平面上时应完全垂直。弹簧在静止状态必须达到规定的压力。此静止状态被称为弹簧的安装高度。在气门最大升起位置，弹簧应达到规定压力。弹簧检测仪用于测量在相应高度时的压力。在大多数情况下，不合格的弹簧将不能保证足够的压力。这将导致发动机在高转速时气门“浮动”或反弹。低压力的弹簧经常会最终断裂，导致气门落入气缸。不常见的是弹簧的压力过大，导致凸轮、随动件及挺杆过度磨损。

5. 检查气门弹簧座、旋转装置、锁片 / 保持器和锁片槽

必须检查气门弹簧座圈和锁片 / 保持器是否磨损、划伤或损坏。若存在上述情况应更换。

由于气门旋转装置通常无法拆开，可在气缸盖未拆下和分解前进行检查。旋转装置可能装于气门弹簧顶部（装入弹簧座圈内）或气门弹簧和气缸盖之间。为测试旋转装置，将稍许油漆涂在弹簧座圈顶部，然后起动发动机并运转在 1500r/min。应缓慢转动弹簧座，转动方向并不重要。若座圈不转动，应更换该旋转装置。

在某些情况下，也可拆下气缸盖对旋转装置进行诊断。检查气门杆顶端的磨损形状。穿过顶部的浅沟或凹痕表明气门没有被旋转。更换具有这种状态的气门上的旋转装置。

检查气门上的气门锁片 / 保持器槽。查看是否损坏或磨损，特别是沟槽肩部是否过于圆滑。若肩部凹凸不平或变圆，应更换气门。观察气门 / 保持器在前面弹簧座内的深度。若它们凸凹不平，表明已经磨损，这将导致它们通过气门座时被拉出。气门锁片 / 保持器出现故障会导致发动机严重损坏。

6. 更换气门杆密封件

没有必要为维修气门传动机构的零部件而拆卸气缸盖。这包括气门弹簧、

油封、座圈和气门锁片。当气缸盖仍安装在气缸体上时，爪形的气门弹簧压缩器可用于压缩气门弹簧，但这需要将车间压缩空气通过火花塞孔连接在该气缸上。空气压力将在气门弹簧被拆下后仍能将气门保持在原安装位置，以防止气门跌入气缸。

对装有伞状气门油封的发动机，将新油封滑动穿过气门杆。必须小心以防止气门杆上的锁片槽损伤新的油封。油封损伤将导致机油消耗过量。某些油封自带有安装工具。该工具是一个简单的塑料套，在安装气门油封前，将其套在每个气门杆的顶部。这个塑料套向下延伸足以罩住锁片槽。在安装每个油封后，将气门对准气门导管头部推到底，然后取下安装工具。

对装有强制型气门油封的发动机，其油封安装步骤类似，但有一个区别。强制型气门油封必须向下压在气门导管的顶部。每个油封都具有某种保持装置以便固定在气门导管上。某些油封装有一根缠绕其上的平面环形弹簧，而另外油封使用环箍簧以便将油封保持在工作位置上，其他的则在油封内径上加工有凸缘与气门导管上加工槽相匹配。不论采用何种保持方式，都应确保气门导管油封可靠地固定在气门导管上。某些制造商规定，在导管上安装强制型气门油封应使用专用工具。更多信息，请参考相应车型维修手册。

7. 检查气门导管是否磨损，检查气门与导管间隙，确定必要的作业

应使用孔规测量气门导管的上部、中部和底部。用外径千分尺在相同位置测量气门杆直径，然后从孔规测量值中减去气门杆直径读值得到间隙值。另一种测量气门杆与导管间隙的方法是将气门装入导管，并使其离开气门座约 1/8in（3.18mm）。对着气门边缘或锁片槽下面的气门杆安装百分表。从一侧向另一侧移动该气门，同时观察百分表的间隙读值，然后除以 2 得到气门杆与导管的间隙。

若间隙超过规定值，则必须更换该气门导管或加大导管孔后压入一个薄壁内套。气门杆与导管间隙过大可能导致气门落座不正确和压缩压力偏低，导致机油消耗增加。

8. 检查气门和气门座，确定必要的作业

尽管绝大多数维修店都不再进行气门和气门座的修复工作，技师仍需要具有检查气门和气门座状态的能力以确定出现故障的原因。年代久远和许多大排量轻型货车的发动机更容易磨损。这些发动机的气门直径比小排量发动机的大，通常认为因其外形较大而会有更多的故障和将更多的热量散向气门座。对这些较大的气门来说，在苛刻使用条件下的排气门出现郁金香花状或开裂比较常见。铝缸盖由于能吸收排气门更多的热量可消除大多数此类情形，但其负面的影响是可能导致气门损坏的情形被气缸盖损坏所替代。因此多气门和较小排量的发动机气门和气门座显现出更长的寿命。在绝大多数情况下，气门和气门座的寿命和发动机一样长。常见故障是因正时传动带断裂使气门

与发动机发生干涉而损坏，以及堆积在气门上的积炭导致气门与气门座接触不良而引起压缩压力损失。

当检查气门和气门座时，应查看气门外形是否有明显改变。气门座与气门的接触面保持良好密封是关键。气门传动机构的作用是提升气门并平缓落座。若气门传动机构出现过大的冲击将加速气门座的磨损。在这个表面上任何不规整都会导致气门无法密封而引起该气缸失火。在发动机的压缩和做功行程，该气缸的气门都必须完全密封以便达到足够的压缩压力。

9. 检查气门弹簧安装高度（组装后）和气门杆高度，确定必要的作业

在气缸盖上测量从弹簧座平面至已安装的气门杆顶部的高度。若气门杆安装高度大于规定值，则表明气门杆被延伸、气门工作面或气门座被去除了过多的材料。安装新气门并重新测量气门杆高度。若测量值仍超出标准，更换气门座或缸盖。气门杆过高将推动液压挺杆柱塞向下并可能导致气门传动机构部件降至最低点。

测量从弹簧上座下边缘至弹簧下座之间的距离，即气门弹簧的安装高度。若该测量值超过标准，在弹簧底部与气缸盖侧弹簧座表面之间安装薄垫片。过大的气门弹簧安装高度减小了气门弹簧的张力，这可能导致发动机高转速时气门浮动和该缸失火。

10. 检查推杆、摇臂、摇臂支点和摇臂轴是否磨损、弯曲、开裂、松动和油道堵塞，根据需要维修或更换

应检查推杆是否弯曲，端部是否磨损。可在平面上滚动推杆检查弯曲的状态。推杆弯曲常常表明其在传动机构中干涉，如气门粘滞、气门调整不当或由于气门正时错误导致的机械干涉。若推杆中有提供摇臂润滑油的油道，确认这些通道畅通无阻。

磨损的摇臂、摇臂轴或支点导致气门调整不当，在气门传动机构中产生敲击噪声。检查摇臂轴是否磨损、摇臂转动接触面是否有擦痕。检查摇臂轴枢轴区域是否开裂、弯曲以及油道堵头（若装有）是否松动 / 泄漏。检查摇臂和气门顶部接触的支点是否有擦痕。摇臂如有磨损应更换。

11. 检查和更换液压或机械挺杆 / 间隙调整装置

技师通常需要彻底诊断液压气门转动问题。在绝大多数情况下，客户会抱怨发动机发出的“嘀嘀”和“咔嗒”噪声。用听诊器确定噪声的位置，并按需要进行拆检以获得有问题的零部件。了解液压间隙调整器的功能很重要，这包括传统的 V8 发动机。这些零部件装配间隙小到令人惊奇的 0.00254mm。在其内部装有弹簧保持气门传动部件。气门间隙的调整不是由弹簧控制的，而是发动机油压起在作用。当发动机运转时，液压间隙调整器都会维持气门传动部件上的预负荷。

液压间隙调整器的尺寸范围从凸轮轴装在缸体上的约 1in 到许多较小排量多气门发动机的 0.25in。由于其间隙非常小，它们与低劣的机油完全不相容，这是导致故障的主要原因。直接作用在凸轮轴上的挺杆（间隙调整器）有平面挺杆和滚轮挺杆两种形式。

平面挺杆采用稍稍凸起的底部作为顶起开始位置，当有一定角度的凸轮表面顶起或下落挺杆时，可促使其旋转。这一运动使机油流过凸轮和挺杆接触面。检查这种类型挺杆是否损坏时，要查看是否有无光泽表面、点蚀或凹的接触面。若存在这种损伤，最好同时更换凸轮轴。

由于滚轮挺杆具有跟随较大和复杂凸轮型线的能力，最初被用在赛车发动机上。由于滚轮在凸轮轴表面上滚动，凸轮与挺杆表面之间的接触面积非常小，摩擦明显小于平面挺杆设计。制造商开始使用这种设计以达到减少内部摩擦和省油的目的。这种设计的液压部分同其他一样。滚动的部件一般不会失效，除非它不能滚动了。这里同样要查看是否有点蚀迹象或零件不易滚动。滚轮结构决定了挺杆不能旋转，所以凸轮与滚子由钢制成。在大多数应用中，完好的使用过的滚轮挺杆可以安装在一个新的凸轮轴上。而新的平面挺杆不可能安装在一个旧的凸轮上，而且使用过的挺杆也不能安装在新凸轮上。

当这三种设计中的任何一种出现液压故障时，必须用新的部件更换整个单元。在某些罕见的实例中，间隙调整器可能会以始终打开气门的方式失效。这将导致气门损坏，特别是排气门。

12. 在发动机上用机械或液压挺杆调整气门间隙

气门间隙调整步骤和结构会因制造商不同而变化。在某些发动机上，气门间隙须在发动机冷机状态下调整。而其他发动机则须在工作温度下进行，有关说明请参考相应的维修手册。

在某些装有机械式气门挺杆的发动机上，在摇臂靠近气门杆一端有一个调整螺钉和螺母。其他发动机则使用没有自锁螺母的紧配合的螺钉。其调整步骤是先将曲轴转到需要调整的气缸的压缩行程的上止点位置，然后将塞尺插入调整螺钉和气门杆之间。若气门间隙大于标准值，先松开自锁螺母（若装有），然后拧动调整螺钉，直到感到正确值的塞尺可在调整螺钉与气门杆之间轻轻推动时即为正确间隙。当间隙合适时，拧紧自锁螺母（若装有）。

某些顶置凸轮轴发动机装有机械式气门挺杆，每个挺杆中配有可取下的金属垫或弹簧保持器。当活塞处于压缩行程上止点时，将塞尺放入凸轮与挺杆或弹簧保持器之间测量其间隙。金属垫有不同的厚度用以调整气门间隙至规定值。另一种设计的结构是没有可取下的金属垫，只能取下整个气门挺杆，才能更换具有正确间隙的气门挺杆。

某些气门传动机构装有液压式气门挺杆且每个摇臂支点用自锁螺母保持。这些气门传动机构需要用摇臂螺母进行最初的调整以确定挺杆柱塞的位置。当气门关闭时，松开摇臂螺母直到摇臂端部与气门杆之间出现间隙。然后顺时针慢慢转动摇臂螺母直到间隙为零，这发生在挺杆没有预负荷但气门传动机构所有零件恰好彼此接触时。下一步是按照制造商规定施加预负荷。在绝大多数情况下，这相当于 0.030~0.060 in（0.762~1.524mm）长的挺杆预负荷。在这里阅读制造商说明是非常重要的，因为挺杆必须能补偿发动机从冷态到达到完全正常工作温度过程中气门传动机构零件的膨胀和收缩。

装有液压挺杆和用螺柱固定摇臂的发动机可在发动机运转时进行调整。取下气门室罩盖，在气门摇臂附近安放一个防机油飞溅的遮盖物以防止机油溅落在排气歧管和其他邻近零件上。起动发动机，松开摇臂固定螺母直到开始出现“嗒嗒”声，然后慢慢拧动螺母直到“嗒嗒”声刚好消失。再从此点按照规定的圈数拧紧螺母，但每次需慢慢地拧紧约 1/4 圈。在每拧 1/4 圈之间，应等待几秒以便使挺杆泄放。若每次转动调整螺钉过多或过快会导致活塞与气门相接触。

13. 检查和更换凸轮轴（包括检查驱动齿轮磨损、背隙、端隙、链轮和链条磨损，顶置凸轮轴驱动轮、传动带、传动带张紧度、张紧器、凸轮轴转环 / 齿盘和可变气门正时部件）

若凸轮轴齿轮直接与曲轴齿轮啮合，其齿隙可用百分表定位在凸轮轴某个轮齿上进行测量。来回摇动凸轮齿轮，并注意指针的最大读数。

某些装有正时链条和链轮的发动机带有液压张紧器。该张紧器利用来自润滑系统的压力油来消除正时机构零部件之间的间隙。某些制造商建议测量张紧器的安装长度以确定链条的磨损。若张紧器的长度超过制造商规定的标准，应更换正时链条。

在许多 V 形发动机上，凸轮轴安装在缸体内，在安装凸轮轴链轮和链条前，必须将曲轴链轮上的正时标记与凸轮轴正时标记对正。这种发动机正时链条的伸长和磨损可用链轮和一个安装在凸轮轴链轮固定螺栓上的弯曲手柄进行度量。前后晃动链轮但不移动曲轴齿轮，测量凸轮轴链轮上链条连接销的移动量。

装有正时传动带的发动机应按照发动机制造商推荐的行驶里程间隔来更换正时传动带。在更换正时传动带时，应同时检查曲轴、凸轮轴、惰轮和其他链轮。检查链轮的齿是否磨损或损坏。检查惰轮或链轮轴承是否润滑不良或松动。

许多装有无分电器点火系统的车辆用凸轮轴位置传感器替代分电器来确定 1 缸的位置。这是最常用的与点火同步的燃油喷射。凸轮轴位置传感器通常是一个电磁霍尔效应开关，它通过凸轮轴或凸轮轴驱动齿轮上的与 1 缸对应的凸状物或加工表面获得信号。

在检查凸轮轴时，查找是否有点蚀、阴暗的表面或润滑不良的痕迹。凸轮或曲轴的齿与链条啮合产生磨损，这种磨损出现一种像是链条齿后退的现象。这种状态意味着需要更换。链条的偏移是正时链条状态最初的表现。可按照制造商推荐的方法确定链条的状态。许多由发动机驱动的链条使用由液压张紧器顶紧的导向链板。一定要检查这些链板。若链板表面有沟槽，可能需要更换。对于使用液压张紧器的发动机，在更换正时部件时可能需要先将张紧器压缩并用适当方式扣住，直到安装完所有正时部件后再释放。

装有可变气门正时的发动机会有控制油液流向的执行装置和监测凸轮轴位置的传感器。在维修气缸盖时，必须检查这些零部件是否磨损和工作是否正常。

凸轮轴轴向间隙可用百分表测量。标准值根据凸轮轴尺寸会有变化。通常轴向间隙在 0.002~0.008in（0.05~0.20mm）。凸轮轴轴向间隙过大会导致推力轴承或凸轮轴止推面磨损。更换推力轴承时，若凸轮轴止推面也有磨损，凸轮轴也应更换。

14. 检查和测量凸轮轴轴颈和凸轮，测量凸轮轴升程

为检查凸轮轴是否弯曲，将凸轮轴外侧轴承轴颈架在 V 形架上，将百分表对正凸轮轴中间位置的轴承轴颈。转动凸轮轴测定跳动量，若凸轮轴弯曲，应更换凸轮轴。

为测量凸轮轴凸轮，使用千分尺测量从凸轮最高点至凸轮上与此相对点之间的尺寸并记录此测量值。然后在前面测量点 90° 位置再次测量凸轮，从第一次测量值减去第二次测量值得到凸轮轴凸轮顶起值。若该值不在规定值内，应更换凸轮轴。

使用千分尺测量凸轮轴每个轴颈的直径。在不同位置测量该直径，若直径小于标准值，应更换凸轮轴。

凸轮轴凸轮顶起值也可在凸轮轴仍在发动机上时测量。先拆下气门室罩盖，再将百分表安装在气缸盖上，使测头接触推杆头部（已拆下摇臂）或直接接触推杆上的摇臂（摇臂仍在安装位置）。百分表测头必须与推杆平行。人工转动曲轴并记下百分表的最大和最小读值。两读值之差即为凸轮轴凸轮顶起值。

15. 检查和测量凸轮轴孔是否磨损、损伤、失圆以及定位，确定必要的作业

检查气缸体内安装凸轮轴的轴承孔是否有擦伤或其他损伤。较小的划痕和磨痕可用细砂布除去。若轴承孔已严重损伤，应更换气缸体。

对于装有轴承盖不能拆卸的顶置凸轮轴发动机，检查其轴承是否有损伤。可用细砂布除去较小的划痕和磨痕。若凸轮轴粘连或轴承磨损不均匀，可使用直尺检查轴承孔直线度。若直线度超出要求，则说明气缸盖已变形，应调直或更换。

对于装有可拆卸轴承盖的顶置凸轮轴发动机，凸轮轴通常直接运转在铝缸盖中。取下可拆卸的轴承盖和凸轮轴，将直尺穿过轴承表面以测量轴承孔的直线度，测量直尺与每个轴承孔之间的间隙以确认该孔的直线度。当凸轮

轴轴承孔直线度不正常时，应更换气缸盖。检查轴承表面是否有擦伤或其他损伤。为测量轴承孔圆度，安装轴承盖并按要求拧紧固定螺栓，然后用伸缩规测量沿圆周不同位置的孔径。若轴承表面和孔状态良好，使用塑性间隙规测量轴承间隙。

16. 检查气门正时，校准凸轮轴与曲轴正时

取下正时传动带或链条罩盖，可通过观察凸轮轴和曲轴正时轮上标记的位置检查凸轮轴正时。这些标记对位必须参照制造商维修手册。

在许多采用OHV推杆的发动机上，将曲轴正时轮安装在曲轴前端，转动曲轴使1缸活塞处于上止点。此时，曲轴正时轮上的标记向上正直指向凸轮轴。将凸轮轴正时轮暂时用螺栓固定在凸轮轴上，然后转动凸轮轴直到凸轮轴正时轮上的标记向下正直指向曲轴。在确保凸轮轴不会转动的情况下，取下凸轮轴正时轮。将正时链条套在凸轮轴齿轮上，凸轮轴齿轮上的标记正直向下，再将链条绕在曲轴正时轮上。但凸轮轴正时轮安装在凸轮轴上，曲轴正时轮和凸轮轴正时轮上的正时标记应彼此对正。

装有正时传动带的单顶置凸轮轴发动机常常使用类似的安装步骤。在转动曲轴使1缸活塞处于压缩上止点，且曲轴正时齿轮正时标记与缸体正时标记对正后，转动凸轮轴使凸轮轴正时轮的正时标记对准气缸盖上的正时标记，然后安装正时传动带。

用于双顶置凸轮轴发动机凸轮轴正时的安装步骤会因制造商不同而变化。在某些发动机上，凸轮轴正时轮是利用摩擦力固定在凸轮轴上的。对这种发动机，在正时传动带安装后可转动凸轮轴。当凸轮轴被转到合适位置时，再拧紧用于将正时轮锁紧在凸轮轴上的螺栓。其他双顶置凸轮轴发动机使用与许多单顶置凸轮轴发动机类似的安装步骤。

可通过观察相对于活塞位置的气门位置检查气门正时。任一活塞处于压缩上止点时，该气缸的进、排气门都应完全关闭。但活塞处于排气行程上止点时，进气门应打开，而排气门应关闭。该位置称为气门重叠。若气门相对于曲轴位置不能正常打开，则气门正时是不正确的。在更换正时部件后，应在曲轴转动完整两圈且1缸处于压缩上止点时重新检查正时标记的对准状态，所有正时标记应对正。若正时标记不正确，必须按照制造商步骤重新校准正时。气门正时错误会导致发动机动力不足，在极端情况下，会因气门与活塞发生接触而导致气门弯曲。

17. 检查气缸盖装配表面状态和平整度，重新组装气缸盖，安装气缸垫和缸盖，按照制造商程序更换/拧紧螺栓

在安装气缸盖前，先清洁和检查气缸体安装平面，确认气缸盖定位销（若有）已安装在气缸体上。用丝锥对气缸盖螺纹孔进行检查和修正，然后用压缩空气吹掉螺纹孔中的残渣。在使用压缩空气清洁缸盖表面或外露部分时，应戴上护目镜。若螺纹孔中留有残渣或液体，在拧紧气缸盖螺栓时，将会导

致虚假的力矩读值，造成冷却系统或燃烧室泄漏。若螺纹孔被堵塞、孔底部有液体或残渣，在拧紧螺栓时，可能导致缸体开裂。

许多较新型的发动机使用力矩点屈服式气缸盖螺栓。这类螺栓通常是先拧紧到一个规定的力矩，然后再旋转一定角度，螺栓在拧紧后被永久性拉伸并产生更恒定的夹紧力。在绝大多数情况下，这种螺栓一旦松开则必须更换新的螺栓。有关信息见制造商维修手册。

绝大多数新式气缸垫是干式安装，而不带任何类型的密封剂。当在缸体上安放气缸垫时，确保遵照安装标记（如上、前、左、右等）安装。

再次检查气缸盖孔是否留下工具、擦拭毛巾或紧固件等，然后将气缸盖安放在发动机缸体上。查看制造商推荐的螺纹润滑剂或密封剂。安装在不通孔中的螺栓常常在某些螺纹部位和螺栓头部滴一点机油进行润滑。对于穿过水套的螺栓常常涂抹一点防水的密封剂。

将气缸盖螺栓插入相应的螺孔，用手拧紧，然后按照发动机制造商要求的步骤和顺序将这些螺栓拧紧至规定值。

C. 发动机缸体诊断和维修

1. 拆除和分解发动机缸体，清洁并为检查和重新组装准备部件

将发动机固定在台架上，拆下油底壳放油螺堵。将拆下发动机时仍残存在油底壳的机油放入接油盘中。从气缸体中取出挺杆并按顺序摆放以便随后的检查。翻转气缸体，拆下油底壳固定螺栓，并从气缸体上取下油底壳。若油底壳被室温固化密封胶（如 RTV）粘在气缸体上，可用橡胶锤头敲击油底壳较坚固的拐角处以便松动油底壳。

检查曲轴和连杆轴承盖是否有安装位置和方向标记。通常每个主轴承盖上会铸有数字和箭头。箭头一般都指向发动机前端（正时装置一端）。连杆通常在连杆体和盖上同时打有表示气缸位置的数字，一般在连杆与轴承盖接合处附近。注意所有连杆上数字（或连杆上的机油飞溅孔）的方向。若连杆或主轴承盖上没有标记，应用钢字头、中心冲或划针标记。

检查缸筒头部是否有缸肩。若缸肩严重，应在准备拆下活塞 / 连杆总成前加以去除。可使用铰刀刮去缸肩。（见任务 C4）

松开连杆轴承盖螺栓或螺母并取下轴承盖。将用过的轴承与其轴承盖放在一起以便随后检查。若螺栓压紧在连杆体上，可在每个螺栓外露的螺纹上套一段软护套以便在拆卸活塞 / 连杆时防止损伤曲柄轴颈。

仔细将每个活塞连杆总成推出缸体。在推出每个总成后，立即重新安装上与其相配的轴承盖和螺母。

从曲轴端部拆下扭转减振器或传动带轮毂固定螺栓，并取下扭转减振器或传动带轮毂。某些扭转减振器或传动带轮毂是简单的滑配合，但绝大多数是压配合。使用相应的专用工具对这种采用压配合的扭转减振器进行拆卸和

安装。使用爪形拉力器拆卸压配合的扭转减振器将导致其永久性损坏。

拆下正时链条和传动带罩盖固定螺栓并取下罩盖。在装有正时链条张紧装置的发动机上，若可能，压下并锁住张紧器压板。从气缸体前部取下张紧器和正时链条导板，从曲轴前端拆下机油甩油器（若有）。

对于凸轮轴在缸体内的发动机，拆下螺栓、正时链条，取下固定在凸轮轴上的链轮。拆下凸轮轴止推板螺栓和止推板（若有）。若V形发动机上装有平衡轴，拆下其驱动机构。

针对在曲轴后端装有主油封的发动机，从孔中撬出油封或从发动机后部拆下该油封安装板和油封。拆下曲轴主轴承盖螺栓和轴承盖，从缸体中取下曲轴。

对凸轮轴安装在气缸体中的发动机，仔细从缸体中抽出凸轮轴，避免划伤轴承孔或凸轮轴凸轮。使用凸轮轴轴承拆装工具使轴承从缸体孔中脱出。

若发动机缸体上装有平衡轴，按照发动机制造商说明将其取出。

用钝的錾子敲击所有堵头的边缘使其松动。敲击不要过重，也不要试图将堵头直接敲入水套。若堵头被敲入缸壁将会导致缸壁凸起。若堵头在孔中倾斜，用钳子夹住堵头的边缘并从缸体中取出堵头。应取下油道所有的堵头。

发动机零部件可用不同的方式加以清洁。铸铁或钢部件可浸泡在装满热的碱性溶液的容器中（如热储水槽）。这样可以除去冷却液通道中的油、污泥、硬的烘干的积炭和矿物质沉积物。禁止将任何铝制部件放入热的苛性碱溶液中，原因在于这将腐蚀铝制部件。拆下所有芯塞和油堵以便从缸体通道中彻底冲洗干净这些化学物质。

许多车间都有冷溶剂的零部件清洗机。小或中等尺寸的零部件可放入清洗机用溶液喷洗。用刷子和刮刀可去除零部件上顽固的沉积物。

发动机零部件还可在热清洗机中加以清洁。这实际上是一个大的烤箱，它将零部件加热到343~427℃以氧化污染物。在热清洁处理后，用喷丸去除残灰、冲洗零部件，也可降低热清洗机内的温度用于清洁铝制部件还不会损坏它们。

不管使用何种清洁方法，自始至终都必须仔细检查缸体、缸盖、曲轴及所有其他零部件机油通道，这对遭受如轴承在孔内转动、凸轮轴和挺杆严重磨损等严重损坏的发动机来讲更为重要。金属微粒残留在机油通道中，可能很难清除。用通条清洁所有小直径的通道确保它们没有被堵塞。使用细长、柔性刷子（螺旋形钢丝刷）彻底清洁机油通道。

2. 目视检查发动机缸体是否开裂、腐蚀，通道状态，芯塞和通道的塞孔状态，表面变形，表面平整度及其状态，确定需要的作业

在分解和彻底清洁后，必须目视检查缸体是否有裂纹。任何被怀疑的区域可在机加工车间用染色剂和磁力探伤方式进行检查。对影响良好密封的可能已被腐蚀的区域应特别注意，这对重新组装的发动机来讲非常重要。密封冷却液的区域易于受损，诸如水泵通道和芯塞孔。特别是铸铁缸体缸壁上的

芯塞孔，若存在许多锈斑，则可能需要更换缸体以避免镗缸后的内部泄漏。当冷却系统不良或生锈时更要留心此种情形。

下一步要检查机油通道是否有沉积物或铸造毛刺，它们可能脱落和损坏重新组装的发动机。检查所有垫的表面是否有锈斑或翘曲，确认它们符合制造商要求的表面状态。若有疑虑，应请教有经验的机械师。安装较新款发动机的绝大多数气缸垫时不要使用任何种类的密封剂，其表面状态和清洁度对良好密封至关重要。在检查缸盖表面或缸体上平面是否平整时，若用直尺和塞尺测量到任何翘曲，则必须重新加工其表面。

3. 检查和维修损伤的螺纹（若允许），安装芯塞和通道堵头

检查气缸体上所有的螺纹孔，特别是安装气缸盖的螺纹孔。检查孔内是否有缸体清洗过程中遗留的沉积物或残渣。确保用合适的丝锥攻过的气缸体上每个安装气缸盖的螺纹孔是清洁的。在缸盖螺栓上滴一点机油并用手拧入。

若螺栓孔中的螺纹已损伤，则该孔需要扩孔并重新加工螺纹。可在扩大的孔中镶入螺纹套或 HeliCoil 螺纹套件，其结果是修复后的螺纹孔与原始尺寸一样。在绝大多数情况下，都是将螺纹套拧在专用安装工具上，涂上用于锁止螺纹的复合物，然后拧入加大的螺纹孔中。再取下安装工具，用锤子和冲子分离螺纹套下部的凸头。

检查机油道堵头的螺纹孔是否脏污或损伤。不要将堵头拧入螺纹孔过深，因该螺纹通常是锥管螺纹。用螺旋钢丝刷清洁机油通道确保没有任何残渣。在机油堵头上缠上聚四氟乙烯胶带或防油密封剂，将堵头拧入气缸体，但不要拧得过紧。若在机油通道末端有小的芯塞，用阻油密封剂涂抹在新的芯塞边缘然后拧入气缸体。芯塞安装后，用錾子和锤子在孔端部交叉铆死。

在安装新的芯塞前，用砂布清洁芯塞孔。若孔已经损伤，需要加工到下一级规定的加大芯塞尺寸。加大芯塞上具有 OS 字母标记。安装新的芯塞前，在其密封边缘处涂抹上非硬化的防水密封剂，用专用安装工具将芯塞装入气缸体，确保堵头正直装入孔中以防泄漏。

4. 检查和测量气缸壁，珩磨和清洁气缸壁，确定下一步作业

用内径百分表在气缸筒内的三个垂直位置测量其直径。这三个位置恰好是气缸筒顶部缸肩下、活塞环行程的中间和行程的最下部。气缸筒的锥度是活塞环行程顶部的缸筒直径与活塞环行程底部的缸筒直径之差。

在缸筒的三个垂直测量位置上分别测量推力方向和轴向方向的缸筒直径。缸筒的圆度是推力方向与轴向方向的缸筒直径之差。若缸筒的圆度超出规定值，则需要镗缸。

若缸筒的磨损、圆度和锥度均在规定值内，则缸筒可进行打磨处理。轻度磨损的气缸筒，可用油石刷，但去除材料的时间会很长。一般磨损的气缸筒（仍在标准值内）可用安装在珩磨机上的 220~280 号研磨石珩磨。当珩磨完成后，气缸筒表面应有 50°~60° 交叉网纹。珩磨后，缸体应用热的喷水和

鬃刷进行清洁。普通溶液从缸壁微孔中去除不了细沙砾。在缸筒清洁后，用无毛绒的干净抹布擦拭缸筒，抹布应没有污迹。对清洁后的缸体进行冲洗并彻底干燥，然后在所有加工的表面轻轻涂抹上制造商推荐的机油。

若缸筒需要镗缸，绝大多数制造商建议将所有缸筒加工到同一尺寸。镗缸通常使用专用设备进行加工。镗缸后必须珩磨。在此会用到珩磨机。缸筒珩磨后，应按照缸筒打磨中所述的相同清洁程序进行清洁。

5. 检查曲轴端隙、轴颈和键槽是否损伤、止推凸缘和密封表面状态，观察表面是否开裂，检查机油通道状态，测量轴颈的磨损，检查曲轴转环 / 齿盘（若有），确定需要的作业

必须检查曲轴的不同位置以确保发动机性能稳定可靠。

端隙是曲轴在气缸体中的前后移动量。曲轴主轴承中的某一个提供止推面控制曲轴的前后移动。曲轴或轴承磨损会使端隙过大从而影响离合器工作、传动带不在同一直线、起动机啮合不良，甚至自动变速器油泵或变矩器损坏。当曲轴和主轴承安装在气缸体上后需要进行测量，用与曲轴水平或平行安装的百分表测量曲轴总的前后移动量。

可将曲轴放入 V 形架，用百分表测量主轴颈表面的圆跳动来判断曲轴的平直度。曲轴弯曲的另一个明显迹象是一个或两个主轴颈的磨损与其他主轴颈相比磨损过大。

必须检查曲轴轴颈是否有裂纹和磨损沟槽，若发现问题，必须更换曲轴、重新磨轴或修理。用细小的螺旋钢丝刷清洁机油通道确保没有堵塞。

按照下图所示，进行测量以确定是否需要磨轴。需要用千分尺确定 *A* 和 *B* 的差值。这将告诉我们轴颈是否呈锥形。比较 *A* 与 *C* 和 *B* 与 *D* 将告诉我们轴颈是否已失圆。若曲轴是正常的，可将测量值与曲轴标准值比较，确定使用标准轴承时的主轴承间隙。若曲轴的磨损不大于最小规定值，则曲轴可能需要磨轴至下一级尺寸并使用适当的轴承。

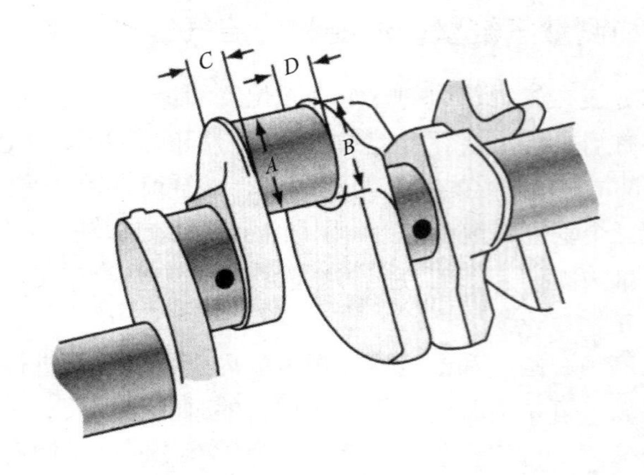

6. 检查和测量主轴承孔及轴承盖定位，并标记安装位置和方向

在安装主轴承盖前，检查轴承孔的同心度。此时气缸体应放在一个平面上，而不是将飞轮端固定在发动机台架上。用直尺穿过轴承孔，用塞尺检查同心度。如果轴承孔不对中，缸体可进行同心镗孔。

检查轴承盖和缸体之间的配合表面是否有刻痕和毛刺，可用锉刀去除。确认轴承盖的安装位置和方向。若轴承盖被更换，且正确位置不能准确确定，则必须对缸体同心镗孔。

在测量主轴承孔直径时，必须安装轴承盖并拧紧至合适力矩。在三个方向上检查孔的直径。垂直方向的测量值不得大于其他任一个方向测量值。垂直方向读值大表示该孔已损坏。在垂直方向测量值不是最大的情况下，小于0.025mm 的失圆是可接受的。轴承孔同心度和尺寸不当可以通过同心镗孔加以修正。该操作在机加工车间完成，包括取下轴承盖以及与缸体配合的轴承盖表面的细小加工。然后将轴承盖重新安装在缸体上并拧紧至规定力矩。使用一种被称为直线珩磨的设备来校准主轴承孔至原始直径。

7. 安装主轴承和曲轴，检查轴承间隙和轴向间隙，按照制造商程序更换并拧紧螺栓

用溶剂清洁缸体上的主轴承孔和轴承盖并使孔表面干燥。不要在孔中涂抹机油。用手拿取新轴承时，应避免手指接触轴承表面。用吸潮的抹布擦拭轴承背面使其干燥。将轴承装入缸体和主轴承盖孔。上部的轴承通常带有油槽和供油孔。确保轴承上的油孔与缸体上轴承孔中的油孔对正。确保轴承上的凸起牢固装入轴承孔上的凹槽。

小心地将曲轴放入气缸体。

为测量轴承间隙，将一段塑性间隙规横放在轴颈上，装上轴承盖和螺栓，并拧紧至规定力矩。然后取下轴承盖螺栓和轴承盖。将被挤压的塑性间隙规的宽度与塑性间隙规包中提供的刻度尺对照以确定轴承间隙。

曲轴端隙可在曲轴止推轴颈与主轴承止推缘之间插入塞尺进行测量。在某些发动机上，在用撬棒撬动曲轴时，可用百分表测量曲轴的端隙。端隙过大会导致轴承早期磨损，曲轴前后窜动时会产生噪声。

若轴承间隙和曲轴端隙均在规定值内，取下主轴承盖和曲轴。若使用的后油封由两部分组成，将绳式或对开的油唇式油封放入缸体后面的油封槽中，并装上后部的主轴承盖。在主轴承上涂抹机油，将曲轴放入缸体并安装主轴承盖。

安装主轴承盖螺栓并拧紧至规定力矩。某些发动机使用 TTY 型螺栓（屈服点力矩螺栓），在松开后必须更换。查看制造商维修手册确定所维修的发动机主轴承是否使用了 TTY 型螺栓。

8. 检查凸轮轴轴承的磨损和定位，必要时更换轴承，安装凸轮轴、正时链条、齿轮，检查轴向间隙

检查凸轮轴轴承表面是否擦伤、粗糙和磨损。用伸缩规在两个不同位置测量凸轮轴轴承孔。用千分尺测量凸轮轴轴颈。用轴承孔直径减去轴颈直径得到间隙值。若磨损超过规定值，应更换轴承。

拆卸和安装凸轮轴轴承的工具类型取决于发动机的设计。对于凸轮轴安装在缸体内的绝大多数顶置气门发动机，应使用衬套冲棒和锤子进行拆卸。选择适合轴承的正确芯棒，转动手柄顶紧凸轮轴轴承，然后用锤子将其敲出。可用相同的工具安装轴承。某些顶置凸轮轴发动机需要使用特殊的顶拔器。

切不可用衬套冲棒拆卸和安装顶置凸轮轴发动机缸盖上的凸轮轴轴承，因为锤子的敲击可能损伤轴承支撑体，特别是铝缸盖。

安装凸轮轴轴承时，应将轴承片正确定位在轴承孔中。要保证轴承上的油孔对正轴承孔中的机油供给通道。这意味着轴承可能朝向轴承孔的前面、后面甚至是中间放置。只要油孔对正，位置并不重要。

许多顶置凸轮轴发动机没有可拆卸的凸轮轴轴承，凸轮轴直接在铝制气缸盖上加工好的轴承孔中运转。对这些发动机，检查轴承孔表面是否有擦痕、粗糙和磨损。用伸缩规在轴承孔的两个位置进行测量，再用千分尺测量凸轮轴轴颈，然后从孔径测量值减去轴颈测量值得到间隙值。若磨损超过规定值，应更换气缸盖。

当凸轮轴轴承孔加工在气缸盖中时，应取下轴承盖，将直尺穿过所有轴承孔。在直尺与每道轴承孔之间插入塞尺测量未靠齐的地方。未靠齐表明气缸盖可能变形。机加工车间可对此进行检查。气缸盖有些情况可重新校正。应更换严重变形的气缸盖。

通常用百分表检查凸轮轴的端隙。典型的端隙为 0.05~0.20mm。端隙大于规定值可能是凸轮轴止推垫或凸轮轴上的止推面磨损所致。不论止推垫还是凸轮轴磨损，均应进行更换。凸轮轴端隙小于规定值，一般是技师未能正确组装所致。凸轮轴端隙过大可能导致凸轮轴位置传感器损坏。

9. 检查附加的（平衡、中间、惰轮、反向平衡或消声）轴、驱动轴、齿轮和轴承是否损伤和磨损，校准平衡轴与曲轴正时，确定需要的作业

平衡轴常见于 4 缸或 6 缸发动机上。某些类型的平衡轴以与曲轴相同的转速转动，而其他的则以 2 倍的曲轴转速转动。其拆装步骤区别很大，所以有关维修信息需要参考制造商维修手册。

某些平衡轴安装在发动机缸体下部并由曲轴链条驱动。某些则是用较大的安装在曲轴上的齿轮（作为曲轴的一部分）驱动。传动带驱动的平衡轴常常安装在气缸体下部，非常像安装在发动机缸体内的凸轮轴。在某些常见的 V 形发动机上，平衡轴则安装在气缸体内的凸轮轴上部并由凸轮轴通过齿轮驱动。

一旦拆下平衡轴，应使用检查凸轮轴径向跳动的相同步骤检查平衡轴的径向跳动。应使用与测量凸轮轴轴颈锥度的相同步骤测量平衡轴轴颈锥度。当安装平衡轴时，必须保证与曲轴的正时，否则在发动机起动后会出现严重的振动。

10. 检查、测量、维修或更换活塞和活塞销，识别由于连杆定位问题导致的活塞和轴承磨损形式，确定需要的作业

检查活塞是否有因过热产生的裂纹和损伤，若有应更换活塞。检查活塞裙部是否磨损不均、有擦痕。活塞裙部靠近活塞销孔处的磨损可能是连杆弯曲或扭曲所致。

使用环槽清洁工具清洁活塞环槽，但要避免刮伤环槽，确认位于油环槽底部的泄油孔没被堵塞。

为测量活塞环的侧隙，在活塞环槽中装入新活塞环，将塞尺插入活塞环与环槽之间。若活塞环侧隙过大，应更换活塞。

若活塞通过了上述检查，应检查活塞销衬套是否磨损。可将连杆轻轻卡在台虎钳上（用软的钳口垫），然后按活塞 / 连杆正常运动那样朝连杆侧向 90° 方向晃动活塞。若感觉到间隙，则活塞销孔、活塞销或连杆小头衬套已磨损，必须将活塞与连杆分解。若没有间隙，活塞可继续使用，连杆也不必分解。

活塞必须与其安装的气缸筒相配。若活塞与缸筒之间的间隙超过规定值，可能会产生敲缸声。若间隙不足，会造成活塞刮伤，可通过测量气缸筒和活塞直径检查活塞间隙。

为测量活塞直径，将千分尺接触活塞推力侧表面（该表面与活塞销孔成 90°）。准确的测量位置会应制造商不同而有所变化。不管怎样，绝大多数制造商规定是在活塞销中心线下约 19mm 处。

轴承磨损的形式会帮助技师确定磨损或损伤的部件。轴承对角的磨损表示连杆弯曲或扭曲。弯曲或扭曲的连杆可能是由活塞顶部有被封闭的液体所致。轴承外边缘的磨损可能表明半边接触，这通常发生在加工圆角半径不正确的曲轴上。正常磨损的连杆轴承是上半片比下半片磨损较快。无论如何，若上半片轴承磨损明显，而下半片轴承磨损小，则发动机可能动力不足。

11. 检查连杆是否损伤，连杆孔状态和活塞销安装，确定需要的作业

检查连杆是否开裂、有明显损伤。取下轴承盖螺母、轴承盖和轴承。检查轴承盖螺栓在连杆体中是否松动。

检查轴承是否磨损不均。若轴承的前后边缘比中间部位磨损严重，则说明连杆可能弯曲或扭曲。若轴承在一段直线范围磨损严重，可能连杆大头的孔被拉伸。机加工车间有专门的机具检查连杆弯曲和扭曲。若连杆弯曲和扭曲超过规定值，应更换连杆。

测量连杆大头孔的锥度、圆度和孔的尺寸是否合适。上述尺寸中任一个不在标准内，应修理或更换连杆。

在采用全浮式活塞销的活塞和连杆总成上，取下活塞销弹性挡圈或卡环，从活塞销孔中推出活塞销。记下活塞与连杆的安装方向，然后分解活塞和连杆。在采用半浮式活塞销（压配合）的活塞和连杆总成上，用合适的压力和适配工具取下活塞销。测量连杆小头孔的直径。若孔直径大于标准值，可将孔铰大并安装加大尺寸的活塞销。某些连杆小头孔内压装有衬套。若这种连杆的孔被磨损，可安装新的衬套，新的衬套必须进行铰孔以适合要安装的活塞销。

若连杆体上有机油喷孔，确认通往连杆大头孔的机油通道没有堵塞。

12. 检查、测量、安装或更换活塞环，组装活塞和连杆，安装活塞和连杆总成，检查轴承间隙和侧隙，安装连杆轴承，按照制造商程序更换并拧紧螺栓

安装新的活塞环前，必须检查和调整活塞环的端隙。压缩活塞环使其刚好装入气缸筒。翻转活塞（顶部在前）插入缸筒，推动活塞环向下接近气缸筒的底部直到活塞环距缸筒底部约 12.7mm。使用塞尺测量活塞环缺口相对的尺寸。若端隙过小，必须用锉刀加工活塞环端部来增加端隙。若端隙过大，可能是活塞环选择错误或缸筒镗缸、珩磨不正确。

若活塞和连杆已被分解，应重新组装。将连杆小头放入活塞，确认安装方向正确。绝大多数活塞顶部具有槽口或箭头。安装时这些标记必须朝向发动机前方。连杆安装方向的标记会随发动机制造商不同而不同。可参考拆解时所做的标记或查看维修手册。在采用全浮式活塞销的发动机上，将活塞销浸一点机油并将其装入活塞销孔中，安装新的弹性挡圈或卡环。许多制造商推荐在安装活塞销前，先加热连杆小头。同样某些制造商推荐在活塞加热装置中加热活塞。当这些部件被加热到需要的温度时，使用压力设备和合适的适配装置安装活塞销。

在活塞上安装活塞环时，首先安装油环。按照活塞环安装说明，将油环上刮片和下刮片端口放入弹簧衬环槽口，油环片可扭转装入其槽口中。在安装压缩环时，打在活塞环上的任何标记应朝上。使用合适的扩张器以防止活塞环变形或折断。首先安装下部的压缩环，然后再安装上部的压缩环。不要在活塞上扭转压缩环，这样可能会使活塞环扭曲形同防松弹簧垫一样。

清洁连杆和轴承盖的轴承孔并干燥其表面。用手拿取新轴承片时应避免手指接触轴承表面。将轴承片装入连杆和轴承盖中，若连杆加工有油孔，确认轴承上的油孔与连杆上的油孔对正。确保每个轴承上的凸起卡入轴承孔上的凹槽。

在将活塞和连杆总成装入缸体前，在连杆螺栓上套上一段软护套，按照制造商的说明调整活塞环的端口位置。若没有给定的说明，通常按下述惯例确定活塞环端口位置：

1）油环弹簧衬环端口朝向发动机前面，正好在活塞销中心线上方。

2）油环上刮片端口在弹簧衬环端口一侧 45° 处。

3）油环下刮片端口在弹簧衬环另一侧 45° 处。

4）下部的压缩环端口在活塞的左侧（与活塞销成 90°）。

5）上部的压缩环端口在活塞的右侧（与活塞销成 90°）。

转动曲轴使准备安装活塞和连杆的曲柄销处于下止点。用清洁的机油润滑活塞、活塞环、活塞销和缸筒。在活塞上装上活塞环压缩工具，将活塞和连杆滑入气缸筒。对着曲柄销推进连杆，取下螺栓护套，暂时装上连杆轴承盖和螺母。接着安装剩余的活塞和连杆总成。

为测量轴承间隙，取下连杆轴承盖，将一段塑性间隙规横放在曲轴颈上，装上轴承盖和螺母，并拧紧至规定力矩。然后取下轴承盖螺母和轴承盖。将被挤压的塑性间隙规的宽度与塑性间隙规包中提供的刻度尺对照以确定轴承间隙。取掉塑性间隙规后，用机油润滑连杆轴承和曲柄销轴颈，安装轴承盖并拧紧至规定力矩。在安装完每个活塞和连杆总成后，多转动曲轴几次是一个好习惯。若存在任何卡滞，将会立刻知道是哪一个气缸影响的。

在连杆侧面和曲柄销轴颈边缘插入塞尺测量每个连杆的侧隙。此外，某些制造商会使用百分表进行该项测量。若侧隙超过规定值，则说明连杆侧面或曲柄销可能已磨损。侧隙过大会导致缸筒上聚积过量的机油而增加机油的消耗。

13. 检查、重新安装或更换曲轴扭转减振器

拆卸和安装扭转减振器需要使用专用工具。使用可调节的齿轮外侧顶拔器拆卸扭转减振器会损坏减振器。

检查扭转减振器内毂与外侧惯性环之间的橡胶。若橡胶部分已开裂、油浸、老化或凸起，则应更换减振器。若减振器上的惯性环松动或已在内毂上前后移位，也应更换减振器。惯性环也可能已在内毂上发生转动，此时点火正时的参考标记将错误。检查减振器的内毂是否有裂纹或键槽磨损，若存在上述情况，应更换减振器。检查内毂油封接触区域是否有磨槽或划痕，若存在上述情况，应更换减振器或在内毂上镶套，获得新的密封区域。

14. 检查曲轴凸缘和飞轮配合表面，检查和更换曲轴导向轴承/轴套（若有），检查飞轮/挠性板是否开裂和磨损（包括飞轮齿圈），测量飞轮端面的跳动量，确定需要的作业

检查曲轴凸缘、曲轴与飞轮的配合表面是否有金属磨痕。用细的金刚砂砂纸去除磨痕。确认曲轴凸缘上的螺纹完好。若飞轮螺栓和保持垫（若有）有任何可见的损伤应更换。安装飞轮、保持垫和螺栓，并按照发动机制造商提供的力矩和顺序拧紧。

检查飞轮与离合器接触区域是否有擦痕和裂纹。细小的划痕和凹凸可通过表面加工加以去除。若存在深的裂纹或沟槽，应更换飞轮。

在发动机缸体或飞轮壳上安装百分表，将测量杆对着与离合器接触的区域。然后转动飞轮以测量飞轮端面的跳动量，若跳动量超过规定值，更换飞轮。

将手指插进并转动导向轴承内圈，若感到轴承转动困难或松旷，更换该轴承。检查导向衬套是否松旷。可将一根变速器输入轴插入导向衬套，检查间隙是否过大。若间隙过大，更换该衬套。可用专用工具取下导向轴承或衬套。必须用合适的工具安装导向轴承或衬套。在安装发动机（或变速器）前，始终要先确认变速器输入轴与新的衬套相配。

检查起动机齿圈是否磨损严重或损伤。用于手动变速器的飞轮，其上的起动机齿圈通常是可更换的。在两个齿的根部钻一个通孔以取下旧的齿圈。将錾子对准这两个齿，用锤子敲击。在拆下前应注意有斜面的一侧。为安装新的齿圈，先将其在烤箱中加热到约 204℃，然后套在飞轮体上等待其冷却。

15. 检查和更换油底盘和罩盖

始终要检查薄金属制的油底盘上安装密封垫的表面是否变形和安装螺栓孔是否凹陷。若螺栓孔凹陷和安装表面变形必须用锤子将其重新修整至平。用直尺核实垫表面平直。

垫用于密封两平面之间的不平之处。油底盘垫或摇臂室垫通常用软木、橡胶、橡胶与软木或橡胶与硅树脂混合物制成。在旧款的发动机上，正时罩盖、水泵和节温器壳的垫由特殊处理的纸制成。在较新式的发动机上，这些部件与壳体的密封采用合成橡胶 O 形圈或软面条形状的硅胶。某些纸质垫可能需要使用不硬化的密封剂。应按照 OEM 和密封垫制造商对密封剂的要求使用垫上的密封剂。

在使用合成橡胶和硅胶密封剂时，不采用涂抹或粘接方式。

16. 按照制造商规范，使用垫、密封件和成型密封剂以及螺纹密封胶组装发动机，重新安装发动机

衬垫密封技术的发展日新月异。这要求技师在使用众多类型的衬垫进行密封方面具有较宽泛的基础知识。最新类型的衬垫是可固化的硅胶或橡胶衬垫，它们被灌入一个加工的槽中或成型加工在零部件某个配合表面上。这些衬垫非常可靠，依赖其表面张力和挤压形成密封。这类衬垫在低压环境下可重复使用。可重复使用是有一定范围的。衬垫被固化成高密度的可塑体，同 TTY（屈服点力矩）螺栓一起用于拉紧部件。这些衬垫都是用于非常干燥和清洁的表面。RTV（有机硅）密封胶在某些实际应用中被用于需要完全更换衬垫的场合。

密封胶中的任何气泡或缺口在后期都将导致泄漏。这种类型的密封剂已有许多变化。在采用计算机控制的汽车上，广泛使用密封剂对氧传感器的影响非常显著。因为密封胶在固化过程和其后释放的气体将引起氧传感器失效。另一个例子是在无垫环境下使用的厌氧胶，当没有氧气时将固化。它作为密封胶被应用于两个加工的配合表面，在组装时必须被密封且保持精确的位置

或间隙的场合。

油封通常由唇部构成密封，它套在轴上且允许被密封的部件移动。这些油封依靠被密封的油类提供润滑。由于这个特点，这类油封有较高的故障率。曲轴后油封就是这种油封的一个实例，不论是整体式油封还是分开式油封。这种油封的表面与物体紧密配合而产生摩擦，一定时间后会留下沟纹。若在维修时没有消除这种沟纹会导致反复更换油封，除非更换有沟纹的部件或安装修复沟纹后的部件。在安装油封时，建议在安装前稍微润滑轴和与轴接触的油封表面，这样可防止油封早期损坏。

在进行密封时，清洁是成功的关键。重要的是在使用清洁剂后不要遗留残留物。环保的清洁剂或工业酒精是最佳选择。

在许多螺栓穿过与液体接触区域的场合，螺纹密封胶被要求能密封冷却液或油。重要的是在某些密封剂可能会被油类或冷却液溶解的应用场合，需要使用专门设计的密封剂。

在重新组装发动机时，需要小心防止发动机和变速器、发动机和发动机悬置之间线束的影响。在重新组装时，线束和管路在合适位置应有固定卡子。这些部件安装不正确会导致其磨损或损坏。

D. 润滑和冷却系统诊断和维修

1. 诊断发动机润滑系统问题，进行油压测试，确定需要的作业

在绝大多数情况下，发动机润滑系统问题的诊断比预防有更多的争论。如果零部件得不到足够的润滑，它将很快失效。润滑系统出现故障的起因主要是受到污染的机油。机油劣化后，将依附在发动机内表面上产生油泥或粘附层，这将阻塞机油通道或回油道。挺杆和气门推杆调整装置由于其内部非常小的油道而对此非常敏感。这如同节温器卡滞在打开位置会使发动机达不到工作温度一样，促使机油形成油泥。这种油泥会沿着油底壳的通路阻塞机油泵吸油管。

在机油系统的诊断方面，技师常被要求找到机油压力读值低的原因。这要求取下机油感应塞或压力开关，用机械压力表检查机油压力。制造商具有他们自己的标准和在他们希望测试的不同转速时得到的读值，所以不要假设 20psi（约 1.4bar）是压力低，除非制造商说明是低。在完全没有机油的情况下，有两个常见原因。一个常见原因是机油泵中的压力安全阀被卡在打开位置导致机油在油泵内旁通。另一个是机油泵吸油管被污泥阻塞。这些都是保养不当的结果。机油压力低可能是由上述原因造成，如轴承间隙过大（高行驶里程的发动机常因此出问题）、机油滤清器安装过紧或某些其他的内部泄漏。机油压力高通常仅是安全阀卡在关闭位置、使用了较高黏度的机油，或安装了不正确的机油泵所致。这仅在用高流量或高压力的机油泵替代原始设计时才发生。

若所有压力读值满足规定但压力表读值又超出标准，必须考虑和测试电

子部件或机油压力警告系统。

2. 拆解和检查机油泵（包括齿轮、转子、壳体和吸油管总成），测量机油泵间隙，检查压力泄放装置和泵的驱动，确定需要的作业

检查机油泵压力安全阀是否卡滞和磨损。若该阀卡滞在关闭位置，机油压力将会过高。若卡滞在打开位置会导致压力过低。泄放弹簧压力低将导致过多的机油返回油底盘，可能会导致压力或流量不足。

对转子式机油泵，用千分尺测量内、外转子的厚度。任何一个转子厚度小于规定值，更换转子或机油泵。机油泵的下述测量应使用塞尺：

1）将塞尺插入直尺和机油泵盖之间，测量该盖的平面度。

2）测量外转子与壳体间的间隙。

3）在转子安装的状态测量内、外转子之间的间隙。

4）将直尺跨过机油泵顶部，测量转子与直尺之间的间隙。

对齿轮式机油泵，检查齿轮和壳体是否有擦伤和过大的磨损。在组装齿轮式机油泵时，确认打在油泵齿轮上的任何配合标记以对正。

机油泵吸油管应仔细清洁，若有任何沉淀物，最好更换。看起来更换机油滤清器不用动脑，但别忘了前面讲过若安装过紧可能会引起供油的问题。

3. 检查、测试和更换发动机内、外部机油冷却器

发动机机油冷却器通过散发机油中的热量从而实现发动机的散热。这种冷却器有许多不同的演变。某些是安装在外部的机油 - 空气冷却器，它们通常安装在散热器前面，直接将机油中的热量传导给空气。其他类型的则是将机油中的热量传导给发动机冷却液，冷却液再将热量传导给空气。这第二种类型的冷却器可作为机油滤清器底座的一部分安装在发动机缸体上的凹陷部位，或与散热器做成一体。若机油 - 空气冷却器泄漏，机油将泄漏在外部，一般很容易诊断。若机油 - 冷却液式的冷却器发生泄漏，将出现机油与冷却液的混合。

有许多方法检查冷却液中是否有机油，诸如在机油系统中查看是否有浑浊的灰色沉积物，或冷却液中是否有机油漂浮物。若怀疑机油中有冷却液，可让发动机停置一晚，然后松开油底壳放油螺塞。若首先流出的带有冷却液颜色（绿、红或橙色），则机油中已含有冷却液。若首先流出的是清澈的水，则被怀疑的污染物不是冷却液而是水。若首先放出的是机油，则机油没有被污染。机油滤清器可用车间的压缩空气打压，然后浸入热水中以检查是否有泄漏。一般来讲，机油滤清器泄漏应进行更换而不是维修。

在发动机大修或当水中有机油、油底盘中有水或滤清器中有浑浊的灰色沉积物时，机油冷却器的维护应作为一个重要部分进行。在上述情况下，应提供制造商的具体说明。注意因机油冷却器阻塞可能导致机油管路振动。这种常见故障会引起泄漏。若发现这种迹象，应更换该冷却器。注意会阻塞液

体流动的密封垫微粒和残留物并彻底清洁。若发动机主轴承已受损，机油冷却器将会充满金属颗粒。这种情况下，不要试图清洁冷却器，而应进行更换。检查管路和软管是否有泄漏的痕迹。用一个小的照明灯检查管子的内部，因为它们总是先从内部老化。任何有内部裂纹的管路均应更换。

4. 向曲轴箱加注机油和安装发动机机油滤清器

在更换机油和滤清器时，注重细节是重要的。不应过分强调使用合适黏度的机油。某些制造商现在建议使用能满足严格要求的非常专用的机油，如 0W-20 或专用的合成机油，但仅有一或两家机油制造商能满足这些标准。在某些情况下，这种机油仅能从代理商处获得。使用不合格的机油会被取消质保和导致发动机损坏。机油仅可从清洁的密封状态倒出。若机油存储在用于运输的大体积容器和运输罐中运到现场，必须格外小心以保证其中的机油清洁。

可更换的旋转式安装的整体式机油滤清器已使用很多年了。在这种类型的滤清器中，滤芯永久性安装在一个筒罐中。更换时，技师简单地旋下旧滤清器，清洁发动机上的密封接触面，在新滤清器密封圈表面涂抹清洁的机油，然后安装该滤清器，在密封圈接触到底座后继续拧紧 3/4 圈。许多制造商目前已经改用可更换滤筒芯式的滤清器，类似 1965 年以前绝大多数发动机使用过的。在这个系统中，滤芯单体可从壳中取出。在更换机油过程中，丢弃的物料仅是滤筒芯自身和 O 形圈。这种滤清器产品可减少浪费，但使更换机油滤清器的作业复杂了。由于在操作过程中，新滤芯暴露在较脏环境中，因此必须小心确保新滤芯没被污染。新的 O 形圈必须润滑并安装在正确位置，且必须遵守滤清器规定的安装力矩。

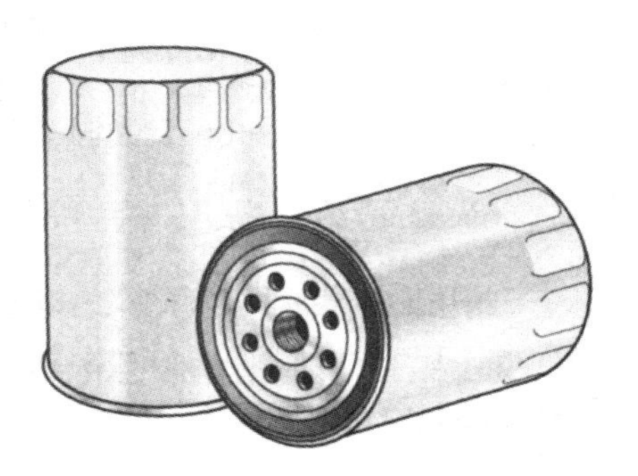

在重新安装放油堵塞时，一定要使用力矩扳手。放油堵塞拧紧过度是常见错误。它最终导致油底壳上的螺纹损伤和需要修复。放油堵塞通常是直螺纹，它使用铜的密封垫或 O 形圈。这种密封垫或 O 形圈在每次更换机油时需要同时更换。

推荐的机油更换间隔非常宽泛。尽管绝大多数技师建议 4800km 更换机油，工厂的机油寿命监测可将其延长至 36000km。当向客户推荐更换机油间隔时，必须仔细解释延长机油更换间隔的益处和不利。

当在新发动机或大修发动机上安装机油滤清器时，润滑系统必须是已充满机油的。这在某些发动机上可使用手电钻旋转机油泵来实现，但这种可能已变得很小，这是由于少数新型发动机已采用由分电器驱动的机油泵。另一个方法是在发动机起动时切断燃油供给，用起动机转动发动机直到仪表上显示机油压力。还有另一个方法是使用专用的润滑系统加注工具，它可连接在发动机润滑油道上，在发动机起动前，强行给机油施压并流过润滑系统。

5. 进行冷却系统压力测试、冷却液染色测试，确定需要的作业

针对随时需要频繁添加冷却液的问题，进行压力测试以确定冷却液泄漏源无论如何都是必要的。压力测试会容易地定位绝大多数外部泄漏。通常泄漏很容易用肉眼发现，这是由于冷却液会残留在泄漏位置形成一层薄膜。冷态时的泄漏是由于密封部件的收缩而致，特别是软管的卡子处。它们经常在发动机工作温度时停止泄漏。硅树脂胶管被广泛使用是由于其较长的使用寿命。使用规定的专用卡子，并仔细拧紧至合适紧度，因为它们对扭力非常敏感。冷却系统压力测试套件包括一个手动泵和压力显示表头以及必要的适配接头以适应不同的散热器和压力盖。使用必要的适配接头将手动泵固定在散热器上，手动泵压至冷却系统的压力范围。在查找可见的泄漏痕迹时应观察系统保持压力的能力。

在发动机关闭后，随着冷却系统温度下降，压力也降低。当冷却系统的压力降至低于大气压力约 0.25psi（17.5kPa）时，散热器盖中的真空阀离座，平衡罐中的冷却液被大气压力强制返回散热器。若该真空阀不能打开，散热器胶管可能被吸扁。

内部泄漏就很难发现，并且通常发现有冷却液的地方其实并不是冷却液，例如机油、燃油或排气中。确定冷却液内部泄漏的一个非常有效的办法是染色方式。荧光染料被添加在冷态的冷却系统中，重新安装上散热器盖，起动发动机暖机。为确定泄漏点，技师使用不可见光光源和黄色眼镜查找发光的区域。最初时间，这种不可见光光源很贵且灯泡易碎，现在的光源做得像一个手电筒而且价格很便宜。

另一种冷却液测试方法是使用燃烧泄漏测试仪。该测试仪安装在散热器加注口，将一种蓝色测试液体加入测试仪，然后起动发动机。在暖机后，膨胀的冷却液中的蒸汽被强制通过该测试仪。若蒸汽中含有燃烧室的气体，液体将从蓝色变为黄色。

6. 检查和测试散热器、采暖芯、压力盖和冷却液回收系统，必要时更换

检查散热器是否有明显损伤或瑕疵。查看散热片是否弯曲和被脏物、道路垃圾或昆虫堵塞。这种状态严重的话，会降低散热器效率从而导致发动机过热。若损伤不严重，弯曲的散热片一般可用为此专做的梳子进行调直。脏物和昆虫可用低压水流或压缩空气加以清除。

检查散热器是否有泄漏或潮湿的斑点。铜制散热器上开裂的焊缝和腐蚀的芯管会使冷却液泄漏非常慢且没有冷却液遗留的泥痕。这对于铝制 / 塑料散热器来讲，若其所带的塑料冷凝罐有裂纹和衬垫泄漏，情形也会如此。对于难以发现的泄漏，可拆下散热器，堵住进、出水口，用冷却系统测试仪对散热器施压，然后将散热器浸入盛满水的水槽中，查看有否气泡。

检查散热器盖是否腐蚀和损坏，或衬垫是否老化，还要检查散热器加注口颈部座。若盖的衬垫或颈部座有损伤，则冷却系统将不能达到足够压力来防止冷却液沸腾。冷却液将喷出冷却系统而溅落地面或进入冷却液冷凝罐（若该车装有），发动机可能会过热。

若汽车配有冷却液冷凝系统，检查散热器盖最上部的衬垫。若此垫丢失或泄漏，在发动机暖机过程中，冷却液可能会被推入冷凝罐，但在冷却下来时，冷却液或许不能流回散热器。检查散热器加注口至储液罐的连接管是否打结、损伤或连接松动。这种情况也会导致冷却液流入储液罐，但不能返回散热器。检查冷却液储液罐是否有裂纹、安装松动或其他损伤。某些冷凝系统使用一种储液罐盖，它带有一根较长的下垂胶管以便冷却液流入。若这根胶管丢失或损伤，当发动机冷却后，冷却液不也能返回散热器。

7. 检查、更换和调整传动带、张紧器和传动带轮

检查附件传动带的状态和张紧力。对于传统的 V 形传动带，其侧面是摩擦面，所以要检查侧面是否有裂纹、磨光或松脱的帘线材料。若出现上述情况，应更换传动带。若 V 形传动带严重磨损，传动带将解除传动带轮槽的底部，应更换磨损严重的传动带。若传动带仅一侧磨损严重，检查传动带轮是否正直且在一个平面。V 形传动带皮带轮的每个槽底部必须对正在 1.6mm 范围内。若传动带轮没有对正，检查附件安装螺栓是否松动，垫是否丢失或支架是否弯曲。

V 形传动带的张紧器可用不同的专用检测仪进行检查。其中一种是将工具放置在传动带一段跨度中间部位的外侧。用手压动该工具使工具刻度盘显示传动带是张紧力。传动带张紧力也可用直尺测量传动带位移的方法进行检查。握住直尺靠住传动带，用你的拇指压在测量跨度的中间，若传动带张紧力合适，在 30.5mm 皮带跨度上将移动 12.7mm。

在发动机加速时，轻度松动或磨损的传动带会产生尖锐的噪声。严重磨损或松旷的传动带会导致蓄电池亏电、发动机过热或动力转向助力不足。过紧的传动带可能自身会突然损坏，或损坏发电机前轴承，还会导致曲轴前主轴承上半片轴承过早磨损。

当重新安装附加设施（发电机、动力转向泵等）时，为调整传动带张紧力，始终要查看制造商提供的撬动位置。某些装置设计有一个窄缝以便插入螺丝刀或撬杠。其他的则有一个可插入 12.7mm 方头加力杆或棘轮扳手的预留孔。千万不要用撬动力转向助力泵壳体的方式去调紧传动带张紧力。此类壳体无法经受这种恶习，可能会被损坏进而导致液体泄漏。

检查蛇形传动带是否有筋缺损、外边缘磨损、裂纹部分接近 50mm 和过于光滑。若存在这些情形任何一种，应立即更换。

蛇形或 V 形带筋的传动带还必须有合适的张紧力，但这些传动带通常都装有自动张紧器。这种张紧器在 V 形带筋传动带拉长时会自动调整传动带的张紧力。这种张紧器通常带有传动带磨损的指示刻度。若与张紧器同长的一个箭头指向两条刻线中间，表示传动带没有过度拉伸。当箭头移到刻线外，必须更换传动带。

许多汽车装有塑料的张紧器和惰轮。检查这些部件的磨损也是重要的。当它们磨损时，会使传动带张紧力下降，甚至损坏传动带。

8. 检查和更换发动机冷却系统和采暖系统的胶管、管子并加注

检查冷却系统所有胶管是否有卡子松动、泄漏或损伤。查找是否有裂纹、磨损、膨胀和鼓包。检查是否有热损伤产生的硬化痕迹，这是因过于接近排气系统部件所致。还要检查是否有因与附加设施安装支架或其他部件接触而产生的发亮痕迹。这些痕迹可能表明胶管的薄弱部位，它们会导致胶管爆裂。检查胶管因接触到机油、动力转向液或变速器油而是否有变得偏软或发黏的部位。

沿胶管整个长度进行挤压以检查是否有硬或软的区域。还要在挤压时听是否有轻微开裂或嘎吱声，这常常表明加固胶管的帘布层已经损伤或胶管内层已经老化。散热器下水管通常带有防止胶管吸扁的支撑弹簧，所以你可能无法实施挤压测试。

当怀疑胶管状态时，拆下胶管，检查其内层。若内层已经有裂纹或其他老化现象，更换该胶管。

拆卸有故障的胶管时应小心，强力地扭曲和拉动胶管会损坏加热器芯或散热器。若胶管卡死在部件上，可切开胶管端部以便拆卸。

在安装新的胶管时，应确认其是适于安装的，避免扭曲或拉伸该胶管。若胶管过短，会因加速过程中发动机的移动而导致胶管出问题。

9. 检查、测试和更换节温器、冷却液旁通及节温器室

从发动机上拆下节温器后可对其进行测试。将节温器浸入一个盛满水的容器中，在水中插入温度表，使节温器和温度表悬停在容器底部之上，若停靠在容器底部会影响准确测试。对水加热，同时观察节温器阀和温度表。当温度表上的温度与打在节温器上的规定温度相等时，节温器阀应开始打开。若节温器阀在规定温度时不能打开，更换节温器。

要随时更换具有准确温度范围的节温器。不要为了加快发动机暖机而安装较“热”的节温器。因为发动机仍以相同速率进行暖机，但其会工作在更高的温度状态。不要从过热的发动机上拆去功能正常的节温器。在发动机可能处于过热期间，冷却液将会很快地流过发动机而吸收足够的热量。冷却系统的热点将会扩展，特别是气缸盖中的会导致缸盖开裂。

确保以正确方向和定位安装节温器。许多节温器有个箭头指向冷却液流过节温器的方向。某些节温器有一个安装在靠近安装轮缘的排气孔、摇晃的销子或单向球。这个装置使困住的空气通过节温器，它必须处于正确方向。在绝大多数情况下，该装置必须朝上。有关信息，务必查看制造商维修手册。

检查节温器壳体和旁通管（若有）是否开裂、老化和节流。节温器壳体通常由薄金属或轻合金制成，当冷却液没按规定里程更换时，会被快速腐蚀，此时应更换老化的节温器壳体或旁通管。

10. 检查和测试冷却液，排出、冲洗和使用推荐的冷却液重新加注冷却系统并按要求排出空气

对不同维修地点的技师来讲，冷却系统的维修是一个可能完全不同的问题。我们将提供对所有维修技师来讲是通用的信息。在一个 ASE 测试编写讨论会中，参与者必须完全同意测试的内容，所以制造商特有的项目将不出现在测试中，除非它们被认为是工业标准。在接受测试时，记住这点非常重要。

在测试冷却液时，有许多种方法获得结果，但最终结论是相同的。我们想知道冷却液在下述情形的防护水平，包括冷却液的结冰、沸腾、pH 值、腐蚀防护以及包括在某些汽车中的亚硝酸盐。

结冰和沸腾的防护涉及绝大多数部分。绝大多数制造商认同 50% 的水与 50% 的冷却液混合物可在适用于世界各地和对零部件最好防护这两方面提供最佳效果。所有制造商同样也认同你确实在汽车中使用了正确的冷却液且对该车没有混用不同类型的或改用非设计的冷却液。

pH 值是对冷却液酸性和碱性的一种测量值。当冷却液使用较长时间时，该值向 pH 刻度中酸性端下降。在 pH 刻度上，绝大多数亚洲制造商的汽车的目标是 7~9，而绝大多数美国和欧洲制造商汽车则是 8~9.5。低的 pH 读值可能是由于恶化的冷却液状态，或水混合过多，因为水比混入的冷却液更偏向酸性侧。非常高的读值可能是在维修中过多添加防冻剂或腐蚀性清洗剂所致。

在正常使用中，汽车配有高输出点火系统，特别是 DIS（直接点火系统），这将导致冷却液变得带电而促使污物粘附在金属部分引起散热器阻塞。这种情况只有更换防冻剂或使用某些电离冷却液恢复系统在系统中反向充电才能真正解决。

在使用复原 / 再循环设备维修冷却系统时添加防腐保护并在防冻剂中开始使用。这对测试来讲是一个困难的领域，同时也是与不支持冷却液再循环的制造商争论的一个话题。

由于更多的柴油车进入消费市场，变得更加关键的最后一个内容是亚硝酸盐。在发动机运转时，若平衡被破坏，它们会导致细小的气泡聚集在铸件上。随着时间的延长，这些气泡就像小的切割工具雕琢铸件。正如大家所知，柴油机燃烧过程中的固有振动引起系统中的气泡从而导致气缸壁泄漏。有一些可查明亚硝酸盐水平的测试，并且目前只有几个制造商对此有一些标准。

在某些汽车上，冷却系统中存有的空气将试图扩散。若存在的空气没被放出，发动机将过热甚至导致气缸盖开裂。某些发动机在节温器室或某个冷却液通道上设有放气装置。松开此装置直到所有空气放尽。对没有放气装置的发动机，确定冷却系统的最高点。若此点是胶管的连接处，可松开胶管进行放气。若冷却系统没有可放气的高点，有一些工具可帮助推动冷却液从下部向上流动，在发动机起动前消除任何气阻。

11. 检查和更换水泵

检查水泵的连接管路、安装衬垫和水封是否泄漏。若将冷却系统压力测试仪连接在散热器加注口会容易发现泄漏。

确定和查看水泵壳体上的排气或泄水孔。该孔通常在水泵壳体的下侧，所以必要时，可使用小的检查镜。若水泵水封泄漏，冷却液常常从泄水孔滴出。非常慢的泄漏可能在孔周围仅留有冷却液的残余物。若在泄水口处有冷却液的明显痕迹，应更换水泵。

有问题的水泵轴承可能引起怠速时的隆隆噪声。某些情况下，在冷却液漏过水封污染轴承后，轴承将会损坏。

在发动机熄火后，风扇叶或水泵传动带轮也停止转动，轴承试图从某侧移向另一侧，这反映出水泵轴承有松动。若轴承中存在任何侧向移动，应更换水泵。

更换水泵时，一定要将新水泵与旧的进行比对。两个水泵可能看起来非常近似，但它们的叶轮旋转方向可能相反。在这种情况下，其叶轮叶片的形状不同，安装错误的水泵将导致发动机过热。

在许多发动机上，某些水泵安装螺栓延伸入气缸体水套。在这些螺栓上使用规定的密封剂，否则冷却液会从发动机处泄漏。该螺栓也会咬死在螺纹孔中，给以后的维修带来困难。有关信息参考制造商维修手册以确定哪个螺栓进入水套。

12. 检查和测试风扇（电动和机械式）、风扇离合器、风扇护罩、空气导风板、冷却风扇电气电路，按需要维修或更换

在后轮驱动的汽车上，发动机冷却风扇一般安装在水泵轴上，并由曲轴带动传动带驱动。检查普通的直接传动的风扇叶片总成是否有安装螺栓松动、叶片开裂或铆钉（若扇叶被铆在中心毂上）松动等迹象。有任何裂纹的扇叶总成应立即更换。

对带有温度感应式离合器的风扇，应检查是否轴承不良、液体泄漏、咬死或离合器空转。在发动机熄火时，用手转动风扇。它应平稳转动并稍有阻力。若感到轴承转动不平滑，或转动风扇无阻力，更换离合器总成。握住扇叶并向两侧晃动风扇。过大的间隙表明轴承不良，应更换离合器。检查离合器前部上的双金属片。若其潮湿或被污泥、灰垢覆盖，则表面储液腔中的硅油已泄漏，应更换离合器。

为检查风扇离合器是否咬死，起动发动机并观察风扇转速。在发动机冷态时，不会有更多的空气通过风扇散热器，甚至在发动机加速时。当发动机暖机后，风扇转速和噪声会明显增加。如果似乎有过高的风扇噪声和转速，可关闭发动机，在风扇传动带轮和风扇离合器背面涂上标记。手持发动机正时灯并起动发动机。当正时灯指向风扇离合器背面，该涂抹的标记应相对于另一个移动。当发动机转速变化时，若涂抹的标记停留在一起，则离合器已咬死，必须更换。

前轮驱动的汽车一般装有电动风扇。该风扇仅在需要时工作。某些风扇具有高和低两个转速，其他的则仅有一个转速。风扇的运转通常由冷却液温度传感器和空调系统操作触发。在某些系统中，一个温度感应式风扇开关被拧入散热器储水腔或发动机部分以感应发动机温度。当冷却液温度接近正常工作范围的上限时，开关触点闭合打开风扇。某些开关直接向风扇电动机提供电源或接地；其他类型的则触发继电器运转风扇。在其他系统中，风扇的工作由 PCM（动力总成控制模块）控制，它从发动机冷却液温度传感器获取冷却液温度信息。当冷却液温度接近某个预设值时，计算机激活风扇并连续监测冷却液温度。当温度下降至预设值时，计算机关闭风扇。另外注意某些 PCM 控制的风扇会根据负荷以不同转速运转。

冷却液温度开关可能是常开或常闭的，并且传感器的标准阻值也会有变化。参考汽车制造商维修手册以确定你所作业的汽车是什么样的系统。

当汽车装有空调时，打开空调系统通常会自动激活发动机冷却风扇。然而在某些情况下，风扇并不马上打开，而是直到制冷剂压力接近一个预设值才工作。同样，有关信息请参考制造商维修手册。

风扇护罩和阻风板是汽车冷却系统的重要部分，它们不应丢失或损坏。风扇护罩的作用是使圆形的风扇在整个散热器中心的后面造成一个低压区。阻风板的作用是散热器的前方创造一个高压区。这两个部件促使空气在不同环境下流过散热器。风扇护罩在低速时应维持良好的空气流动，而阻风板则在高速公路上维持良好的空气流动。这将引导我们记得在高速公路上过热的汽车可能是阻风板出现问题，而在车流中的过热则问题可能出在风扇护罩。绝大多数常见故障是风扇护罩或阻风板破碎或丢失。

13. 确认发动机相关警示装置工作正常

工作温度可用仪表或指示灯中的任一个告知驾驶人。指示灯通常仅指示一个过热的状态，而仪表则指示近似的工作温度。指示灯被一个温度控制的开关来操作。仪表有一个温度感应器来控制它。为检查灯的操作，确认灯泡可点亮，然后从传感器上取下连接线，将其接地，看该指示灯是否点亮。若点亮，说明工作正常。为测试仪表，从传感单元上取下连接线，根据维修资料说明，可在连接线与地之间安装一个适当的电阻。查看该仪表读值应指示对应的温度。

E. 燃油、电气、点火和排气系统检查和维护

1. 检查、清洁或更换燃油喷射系统部件、进气歧管和垫

作为与发动机修理有关燃油和进气系统的零部件要求我们在进行发动机大修时查看有关保养和检查的项目。

在许多较晚的车型上，这些系统中最值得注意的外部零部件是空气流量传感器。尽管流过该传感器的空气已被过滤，但仍然带有灰尘，并有可能对新的或修理后的发动机造成驾驶性能方面的问题。这些问题对环的落座或发动机工作温度是有害的。空气计量装置通常要求用合适的进气管清洗溶剂进行清洁以去除残留物。残留物会包裹和隔离温度感应包并导致 PCM 对空气流量计算错误。

对采用节气门体喷射和进气口喷射的汽车来讲，按顺序下一个部件是共有的，即节气门体。通常我们会查看节气门体、节气阀板背后以及带上开启通道是否存有沉积的污垢。在维修这些地方时，关键是遵照制造商的建议，因为使用错误的清洗剂会损坏整个部件。通常用布擦去这些污垢是安全的，并且在绝大多数情况下可去除沉积物。化油器清洗剂，甚至某些进气系统清洗剂会除去这些部件上的涂层，它们可以阻止会引起怠速高或怠速不稳的污垢。

在空气流动路径上，下一个部件是进气歧管。在更换或重新密封进气歧管时，重要的是检查其是否有变形或水道周围的腐蚀。污垢沉积物通常可在组装前用零部件清洗机进行清除。在清洗前，切记取下任何电气开关（传感器）。绝大多数的进气歧管垫被设计为安装时不用密封剂，而且非常像气缸盖垫。合适的力矩对延长衬垫的性能是关键。

发动机上的燃油部件必须考虑在内。在采用燃油喷射汽车上的燃油轨和燃油压力调节器，旧车型上的化油器、喷油器以及相关传感器和执行器都包含在内。

化油器，对绝大多数部分人来讲，看到的最后应用是 1995 年。1985 年以前，绝大多数美国和亚洲制造商的汽车都是化油器式的。化油器和相关的真空管路必须检查是否泄漏或老化。

油轨和压力调节器通常仅要求在出现故障时进行维修。在维修或更换过程中，要了解更换喷油器的 O 形圈以避免泄漏，这是工作完成后的时间消耗。压力调节器通常有一个用管路或通道（在节气门体喷射发动机的节气门体内）连接到歧管的真空源。重要的是确保该管路或通道是清洁且状态良好以避免因燃油压力高导致过多燃油的情况。

喷油器应检查是否有泄漏的迹象。O 形圈应更换并关注任何可能已经老化的线路。

最后一个内容包括与这些系统相关的传感器和执行器。许多汽车具有安装在进气歧管上的空气和冷却液温度传感器。应检查热敏式空气温度传感器，

若上面存有沉积物则应更换，清洁常常会损坏它。节气门位置传感器和进气歧管压力传感器如同所有电气线路一样在维修中应仔细处理。可被清洗的怠速控制装置在歧管分解的同时应进行维修。许多怠速控制装置具有附随的胶管。应检查这些胶管是否开裂或泄漏，它们会使未过滤的空气进入空气进气系统。

2. 检查、维护或更换空气滤清器、滤清器外壳和进气管道系统

检查空气滤清器外壳和引导空气进入外壳的任何管道系统。管道系统常常从散热器支撑或翼子板内侧至空气滤清器外壳。确认该管道存在且没有损坏。

检查空气滤清器外壳本身。确认该外壳安装牢固且软管或管道连接可靠。在使用化油器和 TBI 的发动机上，确认空气滤清器外壳与化油器或 TBI 之间的衬垫存在并良好。检查外壳的罩或盖确认它们安装正确且任何密封或衬垫良好。密封区域周围的灰尘条纹或其他残痕表明密封已泄漏。确认所有的紧固罩或盖的夹子或翼形螺母存在且工作正常。在装有空气流量传感器（绝大多数多点喷射）发动机上，从空气滤清器外壳至节气门体的管道需要查看是否有开裂和泄漏。开裂会导致发动机吸入未被计量的空气从而引起驾驶性问题。

检查空气滤清器是否损坏或过脏。检查滤清器或滤清器外壳是否有说明标签。若有，按照制造商的建议，尤其是有关推荐的滤芯更换间隔。

3. 检查涡轮 / 机械增压器，确定需要的作业

检查涡轮 / 机械增压器和其所有安装支架、热防护罩以及管道是否损伤。更换或维修损伤或丢失的部件。

检查涡轮 / 机械增压器系统进气系统是否泄漏。若在增压器壳体前的进气系统存在泄漏，灰尘会进入增压器并损坏压缩或涡轮的叶片。若压缩轮壳体与气缸之间的进气系统存在泄漏，增压器压力将减小。

可在进气歧管上连接压力表测试涡轮 / 机械增压器增压压力。增压压力应在驾驶汽车急加速过程中进行测试。增压压力过高可能是废气泄压阀被卡滞在关闭位置、泄放阀膜片泄漏或泄压阀连接杆断开。而增压器的增压压力低可能是由于废气泄压阀卡滞在打开位置所致。

当在装备增压系统的汽车上诊断排气冒蓝烟的原因时，首先进行机油消耗的诊断，这与没装增压器的发动机一样。在抱怨机油消耗过大的问题中，通常总是责备涡轮，其实因质保返回的涡轮中有一半是没有问题的。有关增压发动机机油消耗过大的更多信息参考任务 A.5 部分。

4. 测试发动机起动系统，确定需要的作业

为确定蓄电池的充电状态，测量开路电压。首先用 50A 的负荷跨接在蓄电池正负极桩头之间约 10s 以便去除蓄电池的浮电。然后等待 10min 使蓄电池稳定。然后从蓄电池上断开正负极电缆，将电压表跨接在两桩头上测量电

压。一个充满电且去除浮电的蓄电池的开路电压应至少是12.6V。若开路电压低于12.4V，在进一步测试前，蓄电池必须充电。

确定蓄电池供电能力的最好方法是进行负荷或容量测试。在负荷测试中，负荷测试仪将以规定的冷起动电流（CCA）一半的速率放电约15s，并记录结束时且蓄电池电压仍在提供时的蓄电池电压。若此测试是在蓄电池温度约21℃下进行的，则蓄电池9.6V以上的电压读值表示该蓄电池处于良好状态。

对已放电的蓄电池可进行快速充电和慢速充电。若时间允许，慢速充电是更好的选择。慢速充电允许在充电过程发生的化学反应遍及整个电池极板厚度，而不只是极板表面。慢速充电还能减少蓄电池充电过程中过热（和永久性损伤）的可能性。

测试起动机时，应查看是否达到所需要的电流和是否有异响。根据发动机和起动机的设计，绝大多数起动机需要150~250A电流以带动发动机。若起动机耗电电流大，可能存在内部问题，例如电枢阻滞或电刷磨损。外部问题，如发动机附件设施过紧或咬死，甚至自动变速器前端的油泵，都可能是比正常起动机耗电电流大的原因。注意听是否有噪声或非常大的起动噪声。某些汽车需要用垫来保证起动机的合适位置。若该车装有此垫，应确保在组装时更换它。若起动机消耗电流低且发动机转动很快，而发动机又不能起动，则怀疑正时链条或传动带跳齿或断裂。

蓄电池电缆要求能支持大电流。测试蓄电池电缆最有效的方法是电压降测试。将电压表跨接在蓄电池电缆上，用起动机转动发动机。在发动机被转动过程中读取电压表值。对蓄电池电缆来讲，典型的电压降标准是0.3V。测试应在线路两侧进行。高于标准的读值可能表示其阻抗高于允许值。若电压降出现在电缆的端部，应更换电缆的端子。若选择此方法，应小心以确保切去足够长度的电缆以便去除所有腐蚀。许多技师会更换整条电缆。

5. 检查和更换曲轴箱通风系统部件

曲轴箱通风系统有两个作用：首先是去除曲轴箱内的窜气和压力；其次是引导曲轴箱内的气体进入发动机，在燃烧过程中继续燃烧。

检查该系统，查看软管是否有开裂、膨胀或缠绕。系统装有曲轴箱通风阀的一侧管内具有真空，而连接空气滤清器或进气管道的一侧是通风侧。过滤后的空气被吸入进气侧使曲轴箱通风，然后通过通风阀并入进气流。若通风阀软管被缠绕或堵塞，阀不能打开。这将导致过高的曲轴箱压力从而引起衬垫或密封处泄漏，还会导致机油积蓄在空气滤清器总成内。

6. 检查和安装点火系统部件，调整点火正时

在装有分电器的车型上，检查分电器盖是否有裂纹、磨穿或损坏。依次从分电器盖上拔下每根火花塞高压线，检查端子是否有烧痕或腐蚀。检查火花塞线缆是否有烧伤、缩紧，切口或绝缘部分是否被油浸泡。应更换损坏的

高压线缆。取下分电器盖，检查其内部。若盖上的端子过度磨损或腐蚀则更换。检查烧痕，若有则更换该分电器盖。检查至点火线圈的高压线缆。点火线圈有时会有油漏出，这将使线缆软化和损坏。若发现油迹，更换此点火线圈和线缆。检查分火头是否烧损、凹陷或接触点过度磨损。

在装有固态点火的发动机上，检查离心和真空提前机构（若有）。针对信号转子或磁极片，应确保其未接触磁性收集装置或采集线圈。应更换损坏的部件。点火系统的机械提前机构在发动机转速提高时提前点火正时。检查提前机构未被分火头卡死，并有向分火头旋转方向转动趋势。分火头应能克服弹簧压力朝其旋转方向移动，而不是相反方向。当分火头移动时，分火头下或断电器触点盘下装在枢轴上的平衡块应向外移动。真空提前单元控制与发动机负荷相关的点火提前。为测试该真空单元，将一个手动真空泵连接在真空单元的软管接头上，操作真空泵同时观察断电器盘。在真空提供时，断电器盘应向分电器分火头旋转的相反方向转动。若真空单元不能保持真空，则说明膜片已损坏，必须更换真空单元。若真空单元能保持真空，但断电器盘不能转动，则说明该盘可能已被卡死。检查枢轴点是否锈蚀或有外物，如跌落的固定螺钉，它可能挤在断电器盘和分电器外壳之间。

卸下并检查火花塞。拆卸时使用专用的套头以防止损坏火花塞。在发动机冷态时，拆下火花塞，特别是使用铝缸盖的发动机。若在发动机热态时，从铝缸盖上拆卸火花塞会损坏螺纹。若火花塞状态良好，在火花塞螺纹上涂抹一点防咬死的混合物。用手将火花塞旋入气缸盖以避免错扣。拧紧火花塞至规定力矩。

在绝大多数装有分电器点火系统的发动机上，分电器可转动以调整点火正时。从 1972 年生产的汽车起，在发动机舱盖下都贴有排放标签，其上都概述了调整点火正时的必要步骤，应遵照这些说明。典型的顺序是，先使发动机达到正常工作温度。然后断开真空提前的软管并堵死（若有）。将频闪正时灯连接在 1 缸火花塞高压线上，起动发动机。将怠速调整到标准范围，将正时灯照向附在正时盖上的金属标记。必要时转动分电器使曲轴传动带轮、扭转减振器或飞轮上的刻痕与正时标记对准。对直接点火系统，检查点火线圈组、火花塞线和点火模块是否有电弧的痕迹，更换任何有损伤的部件。检查曲轴和凸轮轴传感器的状态。有裂纹或严重油浸现象的部件应进行更换。

7. 检查和诊断排气系统，确定需要的维修

排气歧管由铸铁或薄的金属制成。薄的金属歧管通常由不锈钢制成。检查排气歧管是否有裂纹或泄漏。在采用计算机控制燃油供给系统的汽车上，空气通过裂缝或氧传感器前面的泄漏点进入排气系统会导致驾驶性和排放控制系统方面出现问题。应更换有裂纹的排气歧管。

对采用化油器或 TBI 的发动机，其上的排气歧管可能配有歧管加热控制阀。当发动机冷态时，该阀关闭以使热的排气至进气歧管下侧、正好在化油

器或 TBI 单元下方。这些气体加热进气歧管，促进发动机冷态时的燃油蒸发。在发动机暖机后，该阀打开，不再需要附加的热量。当发动机冷态时，若歧管加热控制阀卡在打开位置或不能关闭，发动机在加速过程中会产生顿挫。若该阀被卡在关闭位置，发动机功率会减小，进气歧管会过热，进气歧管底部可能会开裂。

在发动机冷态且停机时，查看该阀是否移动自如。型号较旧的发动机使用一个双金属热敏弹簧来控制该阀，可握住阀的配重物并前后转动。在某些应用中，该阀的打开和关闭由真空执行器操纵。可连接真空泵至真空执行器并提供真空来检测该阀。该阀的轴和衬套应定期用专用的含石墨的溶剂进行润滑。有关润滑剂的信息参考汽车制造商的维修手册。

Chapter

第五章 模拟考试 5

说明

本章内容是由独立的六份样卷组成的一系列模拟考试，它可帮你确定为成功通过 ASE 标准考试中发动机维修（A1）所做的总体准备是否充分。

当完成每一次模拟考试后，你可用本书第六章的正确答案和解释确定你考试的得分，包括每个问题对应的考查范围。如果你需要返回第四章的任务列表寻求帮助，这个附加的参考信息会显示出它的作用。

模拟考试 1

1. 技师 A 说：作为诊断步骤的一部分，驾驶客户的汽车进行路试以确认问题是重要的。

技师 B 说：查找相关的维修技术公告始终是一个好的理念。

请问：谁是正确的?

A. 仅 A 正确

B. 仅 B 正确

C. A 和 B 都正确

D. A 和 B 都不正确

2. 技师 A 说：曲轴主轴承间隙可用塑性间隙规测量。

技师 B 说：曲轴主轴承间隙可用塞尺测量。

请问：谁是正确的?

A. 仅 A 正确

B. 仅 B 正确

C. A 和 B 都正确

D. A 和 B 都不正确

3. 技师 A 说：在发动机上重新连接燃油管路时，燃油管上的 O 形密封圈必须更换。

技师 B 说：当重新安装喷油器时，喷油器上的 O 形圈应被更换。

请问：谁是正确的？

A. 仅 A 正确

B. 仅 B 正确

C. A 和 B 都正确

D. A 和 B 都不正确

4. 客户车上的机油滤清器已错位。

技师 A 说：这可能是因滤清器安装不正确导致的。
技师 B 说：这可能是因压力调节装置卡在关闭位置导致的。
请问：谁是正确的？
A. 仅 A 正确
B. 仅 B 正确
C. A 和 B 都正确
D. A 和 B 都不正确

5. 在检查 OHC 发动机缸盖时，发现气缸盖下平面的变形超过最小允许值。
技师 A 说：必须更换气缸盖。
技师 B 说：气缸盖进行校直、修整后可继续使用。
请问：谁是正确的？
A. 仅 A 正确
B. 仅 B 正确
C. A 和 B 都正确
D. A 和 B 都不正确

6. 技师 A 说：涡轮增压器是由废气阀控制的。
技师 B 说：废气阀是由发动机真空控制的。
请问：谁是正确的？
A. 仅 A 正确
B. 仅 B 正确
C. A 和 B 都正确
D. A 和 B 都不正确

7. 下述所有选项都是机油压力低的原因，但不包括：
A. 凸轮轴轴承磨损
B. 吸油滤网部分堵塞
C. 曲轴轴承磨损
D. 推杆油道堵塞

8. 在下图中，技师在检查什么？
A. 气缸盖的变形
B. 活塞的凸起
C. 表面光洁度
D. 气缸盖螺栓孔是否对正

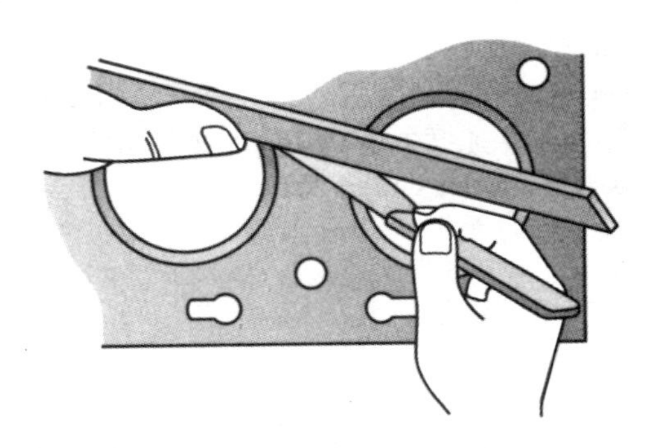

9. 客户车辆的问题是高速时性能不良。技师向客户了解该车维修经历后被告知：问题是出现在正时传动带、水泵和曲轴油封最近更换过以后。

请问：导致性能不良最有可能的原因是哪个？

A. 传动带松

B. 火花塞高压线插错

C. 凸轮轴与曲轴不同步

D. 三元催化转换器阻塞

10. 技师 A 说：若进气管路总成连接不正确会导致发动机性能不良。

技师 B 说：所有汽车使用 MAP 传感器告知电控模块（ECM）吸入的空气量。

请问：谁是正确的？

A. 仅 A 正确

B. 仅 B 正确

C. A 和 B 都正确

D. A 和 B 都不正确

11. 客户抱怨汽车早晨冷起动后排气管冒蓝烟，但很快会消散。

技师 A 说：蓝烟是因燃烧室中的机油燃烧导致的。

技师 B 说：机油很可能是通过老化的气门杆油封进入燃烧室的。

请问谁是正确的？

A. 仅 A 正确

B. 仅 B 正确

C. A 和 B 都正确

D. A 和 B 都不正确

12. 所有顶置气门发动机的挺杆是杯状（凹形）的。

技师 A 说：可更换挺杆，但不需要进一步更换其他部件。

技师 B 说：可更换为滚轮式挺杆以延长其寿命。

请问：谁是正确的？

A. 仅 A 正确

B. 仅 B 正确

C. A 和 B 都正确

D. A 和 B 都不正确

13. 技师 A 说：PCV 阀连接软管阻塞会导致空气滤芯上积聚机油。

技师 B 说：PCV 阀连接软管阻塞会导致加速时顿挫。

请问：谁是正确的?

A. 仅 A 正确

B. 仅 B 正确

C. A 和 B 都正确

D. A 和 B 都不正确

14. 技师 A 说：在从车上拆下发动机的过程中，应先断开空调压缩机连接管释放压力，然后才可拆下压缩机。

技师 B 说：空调系统的制冷剂必须回收到空调制冷剂回收设备中。

请问：谁是正确的?

A. 仅 A 正确

B. 仅 B 正确

C. A 和 B 都正确

D. A 和 B 都不正确

15. 拆下气缸盖后，技师正检查气缸盖垫。他发现缸垫上 2 号气缸第一道气环损坏。

技师 A 说：这可能是该缸爆燃导致的。

技师 B 说：这可能是使用了错误的机油导致的。

请问：谁是正确的?

A. 仅 A 正确

B. 仅 B 正确

C. A 和 B 都正确

D. A 和 B 都不正确

16. 客户抱怨说，起动发动机时转动很快，但起动没有成功。

技师 A 说：可能是蓄电池引起的。

技师 B 说：可能是正时传动带损坏导致的。

请问：谁是正确的?

A. 仅 A 正确

B. 仅 B 正确

C. A 和 B 都正确

D. A 和 B 都不正确

17. 技师 A 说：蓄电池极柱上的腐蚀可能导致起动转速慢。

技师 B 说：起动机电路阻抗高可能导致起动转速低和起动电流高。

请问：谁是正确的?

A. 仅 A 正确

B. 仅 B 正确

C. A 和 B 都正确

D. A 和 B 都不正确

18. 技师 A 说：在安装气缸垫时，重要的是要看清刻在气缸垫上的方向标示。

技师 B 说：气缸垫安装方向不正确可能影响冷却液流向气缸盖。

请问：谁是正确的？

A. 仅 A 正确

B. 仅 B 正确

C. A 和 B 都正确

D. A 和 B 都不正确

19. 技师 A 说：RTV 可用于油底壳衬垫处。

技师 B 说：RTV 可用于气缸垫上。

请问：谁是正确的？

A. 仅 A 正确

B. 仅 B 正确

C. A 和 B 都正确

D. A 和 B 都不正确

20. 工作正常的三元催化转换器将 HC、CO 和 NO_X 转化为：

A. O_3、H_2O 和 NO

B. H_2O、CO_2 和 NO

C. H_2O、NO 和 N_2

D. H_2O、CO_2 和 N_2

21. 客户抱怨说，车辆起步加速时感到沉重和振动，对此请问下述哪个选项可能是正确的？

A. 轮胎不平衡

B. 发动机悬置损坏或不良

C. 火花塞失火

D. 制动盘变形

22. 下图中的测试表被用于：

A. 压缩压力测试

B. 各气缸做功一致性测试

C. 气缸泄漏测试

D. 真空测试

23. 在气缸盖拆卸过程中，气缸盖螺栓断在缸体上平面内。

技师 A 说：对残留的螺栓，可先钻孔，然后用螺栓拔取工具取出。

技师 B 说：对残留的断螺栓，可整个钻掉并加大尺寸，然后安装加大尺寸的气缸盖螺栓。

请问：谁是正确的?

A. 仅 A 正确

B. 仅 B 正确

C. A 和 B 都正确

D. A 和 B 都不正确

24. 气门弹簧经过检查发现不符合开启压力标准。

技师 A 说：在组装气缸盖时安装一个气门弹簧垫片。

技师 B 说：更换弹簧。

A. 仅 A 正确

B. 仅 B 正确

C. A 和 B 都正确

D. A 和 B 都不正确

25. 技师 A 说：从法律上讲，使用超过 15 年的汽车，可拆去三元催化转换器。

技师 B 说：三元催化转换器明显阻碍了排气流动。

请问：谁是正确的?

A. 仅 A 正确

B. 仅 B 正确

C. A 和 B 都正确

D. A 和 B 都不正确

26. 技师 A 说：只要传动带有裂纹，就必须更换。

技师 B 说：传动带在磨合后必须重新调紧。

请问：谁是正确的?

A. 仅 A 正确

B. 仅 B 正确

C. A 和 B 都正确

D. A 和 B 都不正确

27. 添加荧光染料至曲轴箱内，可用于帮助确定机油泄漏位置。

请问：荧光染料在哪一种灯的照射下会发光？

A. 频闪灯

B. 红外线灯

C. 紫外线灯

D. 蓝光源灯

28. 磨损的气门导管会引起下述所有问题，但不包括：

A. 燃烧气体的泄漏

B. 过多的机油消耗

C. 气门落座不均匀

D. 窜气

29. 技师 A 说：平衡轴正时不正确将导致发动机剧烈振动。

技师 B 说：平衡轴正时定位始终与凸轮轴相关。

A. 仅 A 正确

B. 仅 B 正确

C. A 和 B 都正确

D. A 和 B 都不正确

30. 气门杆安装高度过高，下述所有选项可用于修正安装高度，但不包括：

A. 切削气门顶部

B. 更换气门座

C. 气门加垫片

D. 更换气门

31. 下述所有选项是三元催化转换器堵塞所造成的，但不包括：

A. 失速

B. 动力衰减

C. 动力提升

D. 发动机过热

32. 技师 A 说：机油滤清器包含一个防回油阀。

技师 B 说：机油滤清器包含一个旁通阀。

请问：谁是正确的？

A. 仅 A 正确

B. 仅 B 正确

C. A 和 B 都正确

D. A 和 B 都不正确

33. 客户抱怨说，早晨发动机冷起动后，在几分钟内起步时有敲击噪声。

技师 A 说：这可能是连杆轴承间隙过大导致的。

技师 B 说：这可能是因活塞裙部磨损，活塞拍击缸筒导致的。

请问：谁是正确的？

A. 仅 A 正确

B. 仅 B 正确

C. A 和 B 都正确

D. A 和 B 都不正确

34. 发动机怠速时，连接在进气歧管上的真空表表针摆动如下图所示。引起这种摆动的可能原因是：

A. 点火正时晚

B. 排气系统阻塞

C. 进气歧管在节气门体处泄漏

D. 气门粘滞

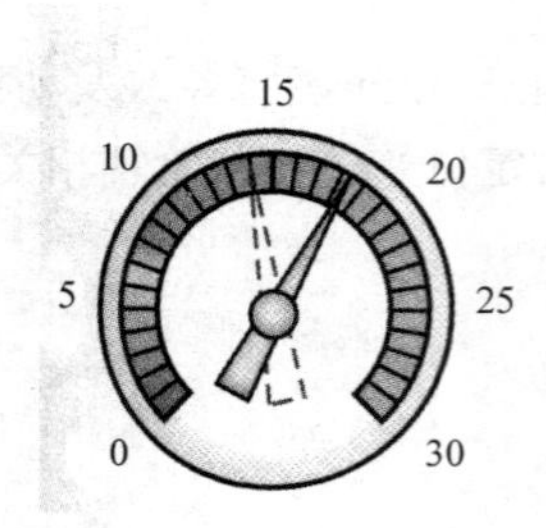

35. 技师 A 说：当测量活塞环端隙时，为验证配合是否合适，仅需要测量每套活塞环中的一个即可。

技师 B 说：将每个活塞环推入其要装入的气缸筒，然后测量其端隙。

请问：谁是正确的？

A. 仅 A 正确

B. 仅 B 正确

C. A 和 B 都正确

D. A 和 B 都不正确

36. 技师 A 说：在下图中，正在检查的内容是机油泵主动齿轮与从动齿轮之间的间隙。

技师 B 说：在下图中，正在检查的内容是机油泵主动齿轮与泵体之间的间隙。

请问：谁是正确的？

A. 仅 A 正确

B. 仅 B 正确

C. A 和 B 都正确

D. A 和 B 都不正确

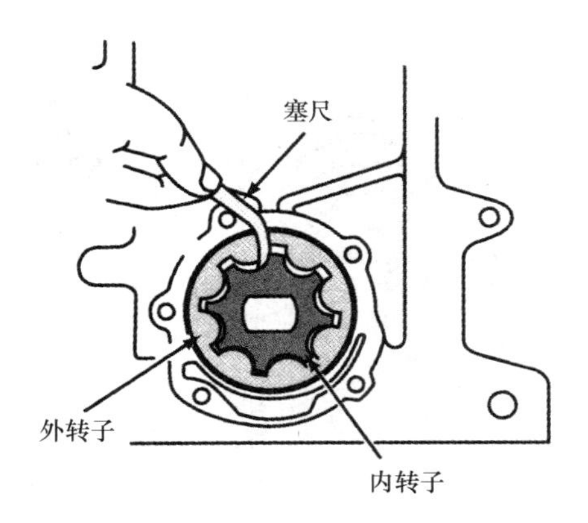

37. 技师 A 说：在对气缸盖进行任何其他维修前，必须先修整气门座。

技师 B 说：在铰削气门座前，必须先检查气门导管并进行维修。

请问：谁是正确的?

A. 仅 A 正确

B. 仅 B 正确

C. A 和 B 都正确

D. A 和 B 都不正确

38 . 技师 A 说：在拆卸和安装扭转减振器时，必须使用专用的顶拔器和安装工具。

技师 B 说：若橡胶惯性环老化，则必须更换扭转减振器。

请问：谁是正确的 ?

A. 仅 A 正确

B. 仅 B 正确

C. A 和 B 都正确

D. A 和 B 都不正确

39. 正进行各气缸做功一致性测试以便确定哪个气缸正引起失火。

技师 A 说：当失火的气缸被停止做功时，转速会稍有下降或完全没有下降。

技师 B 说：失火的气缸被停止做功会引起转速增加。

请问：谁是正确的?

A. 仅 A 正确

B. 仅 B 正确

C. A 和 B 都正确

D. A 和 B 都不正确

40. 下图中的测试仪可用于测试所有下述选项，但不包括：

A. 冷却系统泄漏

B. 散热器盖安全阀

C. 暖风水箱泄漏

D. 冷却液密度

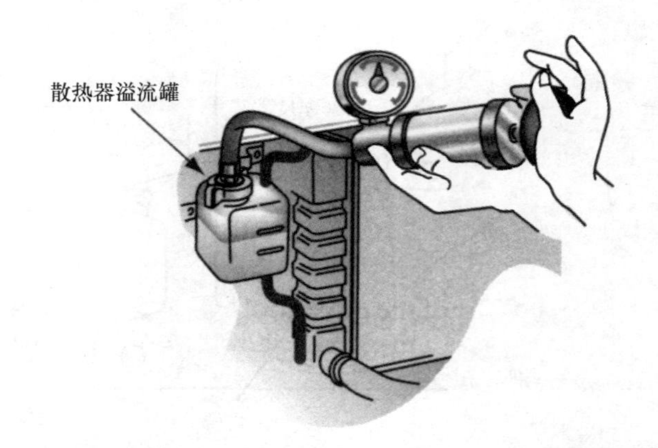

41. 技师 A 说：测量活塞直径的正确位置是在第一道活塞环上面的活塞顶部。
技师 B 说：测量活塞直径的正确位置是在活塞体上，刚好在活塞销下。
请问：谁是正确的？
A. 仅 A 正确
B. 仅 B 正确
C. A 和 B 都正确
D. A 和 B 都不正确

42. 如下图所示，
技师 A 说：1 是机油控制环组件的一部分。
技师 B 说：2 是第一道压缩气环，可能会有朝上的标识。
请问：谁是正确的？
A. 仅 A 正确
B. 仅 B 正确
C. A 和 B 都正确
D. A 和 B 都不正确

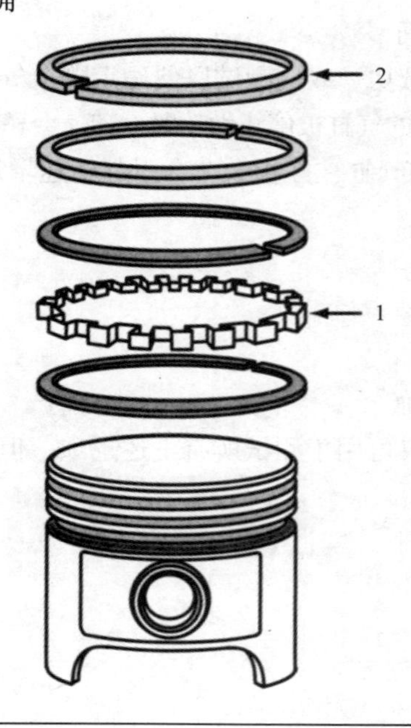

43. 如下图所示，发动机温度开关电路对地开路会导致：

A. 风扇连续运转

B. 当空调开关接通时，风扇不工作

C. 冷却风扇电动机烧毁

D. 发动机过热

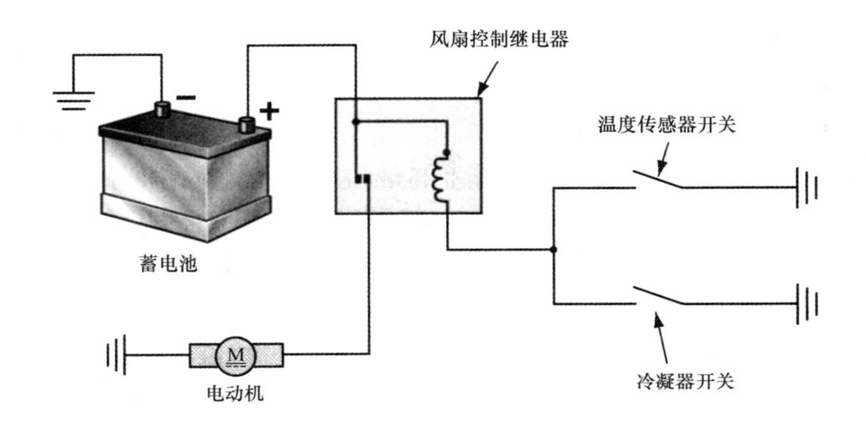

44. 气缸泄漏测试已完成，其中一个气缸泄漏量超过 50%。技师注意到散热器中有气泡冒出。

请问：泄漏源最有可能是哪里？

A. 泄漏的进气门

B. 磨损的活塞环

C. 破裂的气缸盖

D. 泄漏的气缸盖垫

45. 进入车间的一台 4 缸发动机，从发动机前部听到“吱吱”声。

技师 A 说：该噪声可能是因正时链条过松导致的。

技师 B 说：该噪声可能是因正时链条导板已磨损导致的。

A. 仅 A 正确

B. 仅 B 正确

C. A 和 B 都正确

D. A 和 B 都不正确

46. 技师 A 说：在进行气缸泄漏量测试时，最多 10% 的泄漏量是可接受的。

技师 B 说：该泄漏量是由于活塞环没有完全密封所造成的。

A. 仅 A 正确

B. 仅 B 正确

C. A 和 B 都正确

D. A 和 B 都不正确

47. 技师 A 说：具有 0.5mm 缸肩的气缸可在刮削后继续使用。

技师 B 说：气缸的缸肩必须去除以便取下活塞总成。

A. 仅 A 正确

B. 仅 B 正确

C. A 和 B 都正确

D. A 和 B 都不正确

48. 发动机运转时有强烈的敲击声，且随发动机转速的提高而增强。

请问：该噪声最可能的原因是什么？

A. 不良的滤清器

B. 破裂的挠性板

C. 水泵轴承

D. 轴承间隙过大的连杆

49. 技师 A 说：有缺陷的散热器盖压力阀会导致发动机运转时温度过低。

技师 B 说：有缺陷的散热器盖压力阀会导致散热器上水管被吸瘪。

请问：谁是正确的？

A. 仅 A 正确

B. 仅 B 正确

C. A 和 B 都正确

D. A 和 B 都不正确

50. 汽车发动机不能转动。

技师 A 说：这可能是由于气缸内有被密封的液体导致的。

技师 B 说：燃油泵可能有问题。

请问：谁是正确的？

A. 仅 A 正确

B. 仅 B 正确

C. A 和 B 都正确

D. A 和 B 都不正确

模拟考试 2

1. 客户抱怨汽车早晨冷起动后排气管冒蓝烟，但很快会消散。

技师 A 说：蓝烟是因燃烧室中的机油燃烧导致的。

技师 B 说：机油很可能是通过老化的气门杆油封进入燃烧室的。

请问谁是正确的？

A. 仅 A 正确

B. 仅 B 正确

C. A 和 B 都正确

D. A 和 B 都不正确

2. 在一台 4 缸发动机上进行起动压缩压力测试时，技师注意到其中一个气缸的压力读值是 60psi（44kPa），其他气缸的压力读值是 135psi（931kPa）。

技师 A 说：进行气缸泄漏量测试，可确认压力泄漏的部位。

技师 B 说：该车发动机气门杆油封存在泄漏问题。

请问：谁是正确的?

A. 仅 A 正确

B. 仅 B 正确

C. A 和 B 都正确

D. A 和 B 都不正确

3. 客户的抱怨是机油消耗过多，且在行驶路线上留有机油遗漏痕迹。经检查发现气门室盖垫、油底壳、前主油封存在泄漏。

技师 A 说：问题是衬垫老化，必须更换。

技师 B 说：有缺陷的 PCV 阀可能导致这种泄漏。

请问：谁是正确的?

A. 仅 A 正确

B. 仅 B 正确

C. A 和 B 都正确

D. A 和 B 都不正确

4. 客户说他的车机油压力表即使在高速公路上行驶时也显示低。

技师 A 说：这可能是曲轴主轴承磨损所致。

技师 B 说：这可能是活塞环泄漏所致。

请问：谁是正确的?

A. 仅 A 正确

B. 仅 B 正确

C. A 和 B 都正确

D. A 和 B 都不正确

5. 客户抱怨说，发动机转动并不慢，但起动失败。

技师 A 说：这可能是因蓄电池引起的。

技师 B 说：这可能是因正时传动带损坏引起的。

请问：谁是正确的?

A. 仅 A 正确

B. 仅 B 正确

C. A 和 B 都正确

D. A 和 B 都不正确

6. 技师 A 说：RTV 可替代衬垫被用于较低进气增压的密封处。

技师 B 说：RTV 可替代水泵的密封垫。

请问：谁是正确的?

A. 仅 A 正确

B. 仅 B 正确

C. A 和 B 都正确

D. A 和 B 都不正确

7. 客户抱怨说，加速时振动，但速度稳定后消失。下述哪一个最可能是出现该问题的原因？

A. 轮胎动平衡不好

B. 发动机悬置损坏或老化

C. 发动机冷却风扇变形或损坏

D. 制动盘变形

8. 当准备拆下发动机时，下述哪一个是应做的？

A. 排出发动机冷却液

B. 排出机油

C. 断开燃油管路

D. 上述所有选项

9. 一个技师正进行气缸泄漏量测试，其中 3 号气缸有 35% 的泄漏量。在技师应查找的空气泄漏的地方中，最不可能的是哪一个？

A. 冷却系统

B. 进气系统

C. 排气系统

D. 变速器油尺

10. 技师 A 说：空气滤清器中机油的累积是由于活塞环磨损所致。

技师 B 说：空气滤清器中机油的累积是由于 PCV 阀或胶管不良。

请问：谁是正确的？

A. 仅 A 正确

B. 仅 B 正确

C. A 和 B 都正确

D. A 和 B 都不正确

11. 正在进行气缸做功一致性测试。

技师 A 说：压缩压力表被用于做功一致性测试。

技师 B 说：一个失火的气缸停止工作后将引起发动机转速稍有降低或完全无变化。

请问：谁是正确的？

A. 仅 A 正确

B. 仅 B 正确

C. A 和 B 都正确

D. A 和 B 都不正确

12. 技师 A 说：当有连杆敲击声的气缸火花塞高压线被接地后，敲击声会减小。

技师 B 说：活塞销松旷会产生双敲击声。

请问：谁是正确的？

A. 仅 A 正确

B. 仅 B 正确

C. A 和 B 都正确

D. A 和 B 都不正确

13. 客户说他的汽车不能超过 80km/h。技师在发动机上安装了真空表并在怠速时看到正常的稳定的真空。当转速达到 2000r/min 时，他注意到真空度稳定地下降。

请问：下述哪一个是最可能的原因?

A. 进气歧管泄漏

B. 火花塞失火

C. 排气系统阻塞

D. 活塞环弹力弱

14. 冷却液从发动机舱泄漏，但技师不能确定它来自何处。

技师 A 说：可将荧光剂加入冷却系统，在用紫外线灯检查时可显示出泄漏点。

技师 B 说：可对冷却系统施压，然后查找泄漏。

A. 仅 A 正确

B. 仅 B 正确

C. A 和 B 都正确

D. A 和 B 都不正确

15. 技师 A 说：曲轴主轴承间隙可用塑性间隙规测量。

技师 B 说：曲轴主轴承间隙可用塞尺测量。

请问：谁是正确的?

A. 仅 A 正确

B. 仅 B 正确

C. A 和 B 都正确

D. A 和 B 都不正确

16. 更换火花塞。

技师 A 说：铂金火花塞不必做检查。

技师 B 说：更换的火花塞必须与原厂安装的火花塞具有相同的热值范围和样式。

请问：谁是正确的?

A. 仅 A 正确

B. 仅 B 正确

C. A 和 B 都正确

D. A 和 B 都不正确

17. 荧光染色剂已添加至曲轴箱以便确定机油泄漏的部位。

技师 A 说：用红外线灯可看到泄漏点处的染色。

技师 B 说：用不可见光灯可看见染色。

请问：谁是正确的?

A. 仅 A 正确

B. 仅 B 正确

C. A 和 B 都正确

D. A 和 B 都不正确

18. 技师 A 说：在安装气门室盖时，应在橡胶密封垫上涂抹少量 RTV 以确保其密封良好。

技师 B 说：RTV 本身是一种用来制作密封垫的材料，不应用在气门室盖橡胶密封垫上。

请问：谁是正确的?

A. 仅 A 正确

B. 仅 B 正确

C. A 和 B 都正确

D. A 和 B 都不正确

19. 凸轮轴支撑架中螺纹孔螺纹已经损伤。

技师 A 说：为修复该螺纹，可用尺寸和螺距合适的丝锥重新攻螺纹。

技师 B 说：该螺纹可用 HeliCoil 螺纹套加以修复。

请问：谁是正确的?

A. 仅 A 正确

B. 仅 B 正确

C. A 和 B 都正确

D. A 和 B 都不正确

20. 油底壳正准备重新安装到发动机上。

技师 A 说：油底壳可用 RTV 进行密封。

技师 B 说：必须安装新的衬垫。

请问：谁是正确的?

A. 仅 A 正确

B. 仅 B 正确

C. A 和 B 都正确

D. A 和 B 都不正确

21. 技师 A 说：平衡轴的转动方向与曲轴转动方向相反。

技师 B 说：平衡轴的正时定位始终与曲轴有关。

请问：谁是正确的?

A. 仅 A 正确

B. 仅 B 正确

C. A 和 B 都正确

D. A 和 B 都不正确

22. 客户车辆的问题是高速时性能不良。技师向客户了解该车维修经历后被告知：问题发生在正时传动带、水泵和曲轴油封最近更换过以后。

请问：哪一个是导致车辆性能不良的最可能原因?

A. 蛇形传动带松动

B. 火花塞高压线插错

C. 凸轮轴与曲轴不同步

D. 三元催化转换器阻塞

23. 在拆解缸体过程中，技师注意到第一道主轴颈的上轴承和最后一道主轴颈的下轴承磨损较大。

技师 A 说：这可能是因附件的传动带过紧所致。

技师 B 说：这是因缺少机油所致。

A. 仅 A 正确

B. 仅 B 正确

C. A 和 B 都正确

D. A 和 B 都不正确

24. 技师 A 说：在发动机上重新连接燃油管路时，燃油管上的 O 形密封圈必须同时更换。

技师 B 说：当重新安装喷油器时，喷油器上的 O 形圈必须同时更换。

请问：谁是正确的？

A. 仅 A 正确

B. 仅 B 正确

C. A 和 B 都正确

D. A 和 B 都不正确

25. 下述所有选项会阻止起动机电磁阀吸合，但不包括：

A. 电枢轴弯曲

B. 离合器安全开关短路

C. 点火开关开路

D. 空档开关开路

26. 技师 A 说：在拆解发动机缸体过程中，所有部件必须保持原顺序以便随后的检查。

技师 B 说：连杆轴承盖应做标识以便确定是从哪一个气缸拆下的。

请问：谁是正确的?

A. 仅 A 正确

B. 仅 B 正确

C. A 和 B 都正确

D. A 和 B 都不正确

27. 技师 A 说：发动机在怠速工况时，真空表 16~21inHg 的读值是正常的。

技师 B 说：真空表读值稳定但低的读值表明气门正时延迟。

请问：谁是正确的?

A. 仅 A 正确

B. 仅 B 正确

C. A 和 B 都正确

D. A 和 B 都不正确

28. 技师 A 说：气门杆安装高度过大会导致气门烧损。

技师 B 说：气门杆安装高度过小会导致发动机性能不良。

请问：谁是正确的？

A. 仅 A 正确

B. 仅 B 正确

C. A 和 B 都正确

D. A 和 B 都不正确

29. 技师 A 说：不要求镗孔的气缸缸筒壁可进行清洁，且不必其他维修即可重新使用。

技师 B 说：气缸缸筒壁应进行打磨和清洁以便磨合时能有存留的机油。

请问：谁是正确的？

A. 仅 A 正确

B. 仅 B 正确

C. A 和 B 都正确

D. A 和 B 都不正确

30. 技师 A 说：为确保理解客户的抱怨，与客户交流是一个良好习惯。

技师 B 说：驾驶车辆进行路试以再现客户抱怨的问题是重要的。

请问：谁是正确的？

A. 仅 A 正确

B. 仅 B 正确

C. A 和 B 都正确

D. A 和 B 都不正确

31. 下图中，技师正在检查的项目最有可能是：

A. 气门导管的磨损

B. 气门杆安装高度

C. 气门座同心度

D. 气门座角度

32. 当发动机冷却后，散热器上水管吸瘪。其原因是：

A. 散热器盖压力密封不良

B. 上水管不良

C. 节温器卡在打开位置

D. 散热器盖的真空阀不良

33. 技师 A 说：在拆卸过程中，主轴承和连杆轴承应保持原顺序以便确认非正常磨损。

技师 B 说：主轴承孔应检查是否未对准。

A. 仅 A 正确

B. 仅 B 正确

C. A 和 B 都正确

D. A 和 B 都不正确

34. 装有三元催化转换器的汽车尾气中具有强烈的硫黄味可能表明：

A. 混合气稀

B. 冷却液泄漏进入燃烧室

C. 混合气浓

D. 真空泄漏

35. 技师 A 说：在从气缸体上拆下气缸盖时，怎样拆卸缸盖螺栓是没关系的。

技师 B 说：最好是当发动机还是热态时拆卸气缸盖以防止气缸盖表面变形。

请问：谁是正确的？

A. 仅 A 正确

B. 仅 B 正确

C. A 和 B 都正确

D. A 和 B 都不正确

36. 技师 A 说：某些蛇形传动带容易装错导致传动带尖叫。

技师 B 说：绝大多数汽车的用户手册中会有一张传动带安装路径图。

请问：谁是正确的？

A. 仅 A 正确

B. 仅 B 正确

C. A 和 B 都正确

D. A 和 B 都不正确

37. 当进行气缸压缩压力测试时，各缸测试结果刚好一致，但均低于规定的压缩压力值。这可能表明：

A. 气缸垫窜气

B. 活塞环和缸筒磨损

C. 气缸盖破裂

D. 活塞上有积炭

38. 下图显示的工具被用于：

A. 拆卸曲轴轴承

B. 仅拆卸凸轮轴轴承

C. 拆卸活塞
D. 拆卸和安装凸轮轴轴承

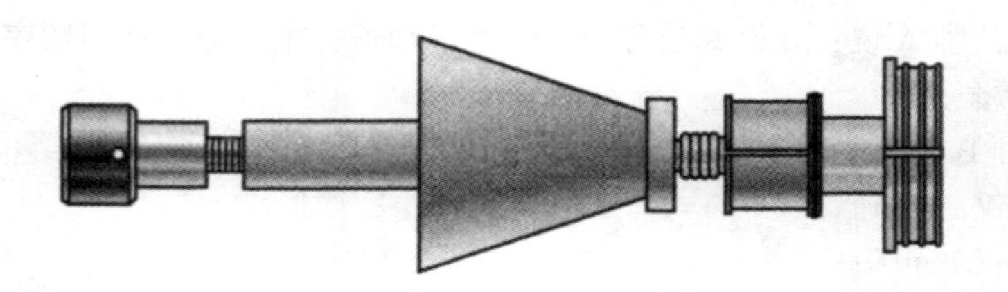

39. 一辆汽车机油消耗量过多。
技师 A 说：未定期更换机油会导致活塞油环被卡滞。
技师 B 说：烧损的气门会导致机油消耗过量。
请问：谁是正确的？
A. 仅 A 正确
B. 仅 B 正确
C. A 和 B 都正确
D. A 和 B 都不正确
40. 下图中的技师最有可能在：
A. 检查机油泵主动齿轮与被动齿轮间的间隙
B. 检查机油泵壳体的真实状态
C. 检查机油泵齿轮与泵体间的间隙
D. 检查机油泵压力安全阀

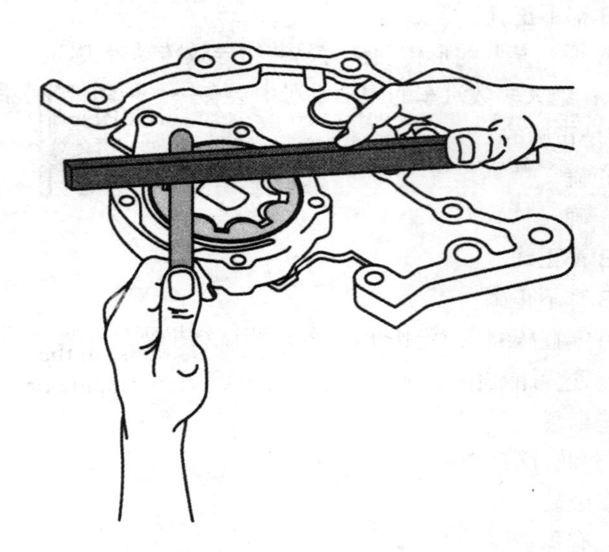

41. 技师 A 说：绝大多数发动机冷却风扇是通过 ECM 控制的。
技师 B 说：冷却风扇是根据发动机温度或空调选择被接通的。
请问：谁是正确的？

A. 仅 A 正确

B. 仅 B 正确

C. A 和 B 都正确

D. A 和 B 都不正确

42. 技师正检查铝制气缸盖是否有裂纹。下述所有选项都是可行的方式，但不包括：

A. 染色

B. 在水槽中的压力测试

C. 目视检查

D. 磁力探伤

43. 下述测量器具中，哪一个最适合于测量活塞环端隙？

A. 外径千分尺

B. 塞尺

C. 数字卡尺

D. 百分表

44. 若节温器不能打开，下述所有选项可能发生，但不包括：

A. 计算机控制系统工作不稳定

B. 燃油经济性差

C. 冷却液缺失

D. 暖机时间超过正常周期

45. 技师 A 说：与气门机构相关的噪声是发动机中部沉重的敲击声。

技师 B 说：与气门机构相关的噪声是在发动机顶部的一种轻的拍击或嗒嗒声。

请问：谁是正确的？

A. 仅 A 正确

B. 仅 B 正确

C. A 和 B 都正确

D. A 和 B 都不正确

46. 技师 A 说：平衡轴可能是安装在凸轮轴上部。

技师 B 说：平衡轴可能是安装在发动机底部。

请问：谁是正确的？

A. 仅 A 正确

B. 仅 B 正确

C. A 和 B 都正确

D. A 和 B 都不正确

47. 技师 A 说：乙二醇和水的混合液提高了冷却液的冰点。

技师 B 说：乙二醇和水的混合液降低了冷却液的沸点。

请问：谁是正确的？

A. 仅 A 正确

B. 仅 B 正确

C. A 和 B 都正确

D. A 和 B 都不正确

48. 拆下气缸盖后，技师注意到气缸盖垫上的冷却液通道孔已被腐蚀到与缸体和缸盖通道孔相同尺寸。

技师 A 说：这会导致高速时过热。

技师 B 说：缸垫上的孔原则上应小于缸体和缸盖上的冷却液通道孔。

请问：谁是正确的？

A. 仅 A 正确

B. 仅 B 正确

C. A 和 B 都正确

D. A 和 B 都不正确

49. 根据下图中的曲轴，下面哪一个陈述最不可能是真的？

A. B 表示连杆轴颈

B. C 表示曲轴止推面

C. A 表示钻通的供油孔

D. C 表示主轴承轴颈

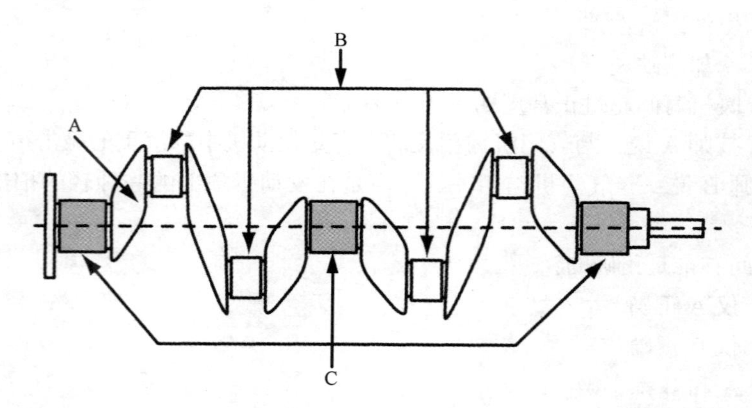

50. 技师 A 说：TTY 螺栓与传统缸盖螺栓相比，可提供更一致的夹紧力。

技师 B 说：TTY 螺栓先被拧紧至规定力矩，然后再转动规定的角度。

请问：谁是正确的？

A. 仅 A 正确

B. 仅 B 正确

C. A 和 B 都正确

D. A 和 B 都不正确

模拟考试 3

1. 技师 A 说：反向流动的冷却系统比传统流动方式暖机更快。

技师 B 说：反向流动的冷却系统引导冷却液先进入缸体，然后再进入缸盖。

请问：谁是正确的？

A. 仅 A 正确

B. 仅 B 正确

C. A 和 B 都正确

D. A 和 B 都不正确

2. 技师 A 说：作为诊断步骤的一部分，驾驶客户汽车进行路试以确认问题是重要的。

技师 B 说：查找相关的技术维修公告始终是一个好的理念。

请问：谁是正确的？

A. 仅 A 正确

B. 仅 B 正确

C. A 和 B 都正确

D. A 和 B 都不正确

3. 技师 A 说：当测量活塞环槽与环的侧隙时，应将环装入环槽并用塞尺测量其间隙。

技师 B 说：活塞环槽侧隙与活塞环端隙相同。

请问：谁是正确的？

A. 仅 A 正确

B. 仅 B 正确

C. A 和 B 都正确

D. A 和 B 都不正确

4. 技师 A 说：气门弹簧必须进行气门开启高度和关闭高度的压力测试。

技师 B 说：若在气门关闭高度压力低，而在开启高度压力正常，则该弹簧可继续使用。

请问：谁是正确的？

A. 仅 A 正确

B. 仅 B 正确

C. A 和 B 都正确

D. A 和 B 都不正确

5. 在一台 4 缸发动机上进行压缩压力测试后，其结果显示 1 号和 3 号缸压力低。

技师 A 说：这可能是因气缸之间的气缸盖垫窜气导致的。

技师 B 说：气缸泄漏量测试有助于准确确定问题。

请问：谁是正确的？

A. 仅 A 正确

B. 仅 B 正确

C. A 和 B 都正确

D. A 和 B 都不正确

6. 技师 A 说：做功一致性测试被用于准确确定压缩压力低（测试结果）的

原因。

技师 B 说：做功一致性测试被用于准确确定工作不良的气缸。

请问：谁是正确的？

A. 仅 A 正确

B. 仅 B 正确

C. A 和 B 都正确

D. A 和 B 都不正确

7. 技师 A 说：后主油封处的泄漏可能是因活塞环磨损造成的。

技师 B 说：后主油封处的泄漏可能是由 PCV 阀或连接管不良导致。

请问：谁是正确的？

A. 仅 A 正确

B. 仅 B 正确

C. A 和 B 都正确

D. A 和 B 都不正确

8. 技师正进行气缸压缩压力测试，发现 3 号和 4 号气缸有 65% 的泄漏。

请问：技师在查找漏气时，下述中哪一个地方最不可能？

A. 邻近的气缸

B. 进气系统

C. 排气系统

D. 变速器油尺管

9. 技师 A 说：气门杆安装高度是从气门导管底部到安装的气门顶部之间的测量值。

技师 B 说：气门杆安装高度是从弹簧底座至安装的气门顶部之间的测量值。

请问：谁是正确的？

A. 仅 A 正确

B. 仅 B 正确

C. A 和 B 都正确

D. A 和 B 都不正确

10. 技师说：磨损的连杆轴承会发出像是来自发动机下部的深沉敲击声。

技师 B 说：松旷的活塞销将导致双击的嗒嗒声。

请问：谁是正确的？

A. 仅 A 正确

B. 仅 B 正确

C. A 和 B 都正确

D. A 和 B 都不正确

11. 若气缸体需要加工，下述所有部件在拆卸时应被拆出，但不包括：

A. 芯堵

B. 机油堵

C. 缸体内的凸轮轴轴承

D. 气缸衬套

12. 来自尾管的排气是蓝色的。

技师 A 说：这是因发动机运转时的混合气过浓所致。

技师 B 说：这是因冷却液进入燃烧室所致。

请问：谁是正确的?

A. 仅 A 正确

B. 仅 B 正确

C. A 和 B 都正确

D. A 和 B 都不正确

13. 技师在发动机上安装真空表，并注意到怠速时真空读值正常，但当转速升高时，真空表表针在 12~14inHg 之间快速波动。下述中哪一个是最有可能的原因?

A. 进气歧管泄漏

B. 火花塞失火

C. 气门弹簧软弱

D. 活塞环弹力弱

14. 技师 A 说：使用了 MAP 传感器的汽车不需要进气管道。

技师 B 说：完整的进气管道对发动机的寿命来讲是极其重要的。

请问：谁是正确的?

A. 仅 A 正确

B. 仅 B 正确

C. A 和 B 都正确

D. A 和 B 都不正确

15. 发现机油压力非常低。

技师 A 说：这可能因压力安全阀卡在关闭位置所致。

技师 B 说：机油压力低会导致气门机构发出吱吱声。

请问：谁是正确的?

A. 仅 A 正确

B. 仅 B 正确

C. A 和 B 都正确

D. A 和 B 都不正确

16. 技师 A 说：镗孔后，在组装前应在热水槽中彻底清洗发动机。

技师 B 说：喷热水并用孔刷清洁缸筒和缸体，以便除去所有加工微粒。

请问：谁是正确的?

A. 仅 A 正确

B. 仅 B 正确

C. A 和 B 都正确

D. A 和 B 都不正确

17. 技师 A 说：运转（动态）时的压力测试用于检查气缸的换气。

技师 B 说：运转（动态）时的压力测试用于检查气缸的密封。

请问：谁是正确的？

A. 仅 A 正确

B. 仅 B 正确

C. A 和 B 都正确

D. A 和 B 都不正确

18. 技师 A 说：气门调整不当会导致气门弯曲。

技师 B 说：气门调整不当不会影响发动机性能。

请问：谁是正确的？

A. 仅 A 正确

B. 仅 B 正确

C. A 和 B 都正确

D. A 和 B 都不正确

19. 曲轴检查应包括下述各项，但除了：

A. 连杆轴颈和锥度

B. 主轴颈和锥度

C. 用百分比检查是否扭曲

D. 曲轴长度

20. 技师 A 说：正时调整用正时灯进行检查。

技师 B 说：正时调整可能需要扫描工具。

请问：谁是正确的？

A. 仅 A 正确

B. 仅 B 正确

C. A 和 B 都正确

D. A 和 B 都不正确

21. 在 4 缸发动机上进行起动压缩压力测试的结果显示 3 号气缸压力低。技师将一勺机油喷入气缸后重新测试。压缩压力提高了 40%。该压缩压力的增加表示：

A. 进气门泄漏

B. 气缸垫窜气

C. 排气门烧损

D. 活塞环磨损

22. 一辆行驶 17 万 km 的汽车因机油压力低到车间进行检查。

技师 A 说：机油压力应首先用机械式压力表进行检查以便排除压力传感器的因素。

技师 B 说：机油压力低可由曲轴主轴承磨损所致。

请问：谁是正确的？

A. 仅 A 正确

B. 仅 B 正确

C. A 和 B 都正确

D. A 和 B 都不正确

23. 一台 8 缸发动机缸体通过检查注意到 4 号缸缸筒中部有轻微裂纹。

技师 A 说：该气缸可用下缸套的方式加以维修。

技师 B 说：该裂纹可进行焊接和镗孔。

请问：谁是正确的？

A. 仅 A 正确

B. 仅 B 正确

C. A 和 B 都正确

D. A 和 B 都不正确

24. 涡轮增压器排气出口存有机油。下述各选项中哪一个是最有可能的原因？

A. 气门杆油封泄漏

B. PCV 系统阻塞

C. 涡轮增压器油封泄漏

D. 发动机活塞环磨损

25. 在已经讨论过的正时传动带更换中，首先应做的事情是什么？

A. 拆下扭转减振器

B. 拆下水泵

C. 对齐所有正时标识

D. 更换正时传动带张紧器

26. 在进行多点喷射发动机的做功一致性测试中，发现某个气缸实际上没有转速变化。下述选项中哪一个是最有可能的原因？

A. 曲轴位置传感器失效

B. 节气门体真空泄漏

C. 火花塞高压线不良

D. 凸轮轴位置传感器失效

27. 技师 A 说：具有较深刮擦的缸筒可用球珩磨的方式进行修复。

技师 B 说：具有 0.20mm 锥度的缸筒不需要镗孔。

请问：谁是正确的？

A. 仅 A 正确

B. 仅 B 正确

C. A 和 B 都正确

D. A 和 B 都不正确

28. 技师 A 说：为更好地保护散热器，可将压力为 13lbf（1lbf=4.45N）的散热器盖更换为 15lbf 的。

技师 B 说：13lbf 的散热器盖的释放压力是 10lbf，若测试正常，则可使用。

请问：谁是正确的？

A. 仅 A 正确

B. 仅 B 正确
C. A 和 B 都正确
D. A 和 B 都不正确
29. 技师 A 说：节温器卡滞在打开位置会导致冷却系统压力升高。
技师 B 说：有缺陷的散热器盖会导致散热器上水室爆裂。
请问：谁是正确的？
A. 仅 A 正确
B. 仅 B 正确
C. A 和 B 都正确
D. A 和 B 都不正确
30. 下图中的测量值超出规定值。
技师 A 说：可在气门弹簧下插入一个垫片加以修正。
技师 B 说：这可能引起气门不能正确落座。
A. 仅 A 正确
B. 仅 B 正确
C. A 和 B 都正确
D. A 和 B 都不正确

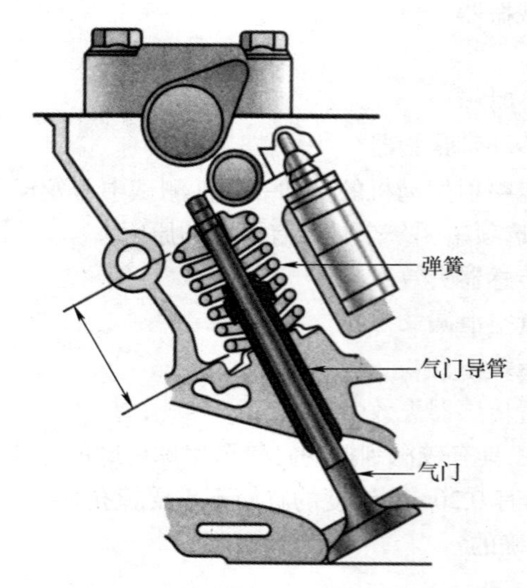

31. 技师 A 说：在 25.4mm 范围内有 3 处以上裂纹的蛇形传动带应更换。
技师 B 说：表面光滑但与传动带接触表面不均匀的传动带轮应更换。
请问：谁是正确的？
A. 仅 A 正确
B. 仅 B 正确
C. A 和 B 都正确
D. A 和 B 都不正确
32. 技师 A 说：在下图中，正在测量活塞直径。

技师 B 说：应在活塞裙部且刚好在底部上边处进行测量。

请问：谁是正确的?

A. 仅 A 正确

B. 仅 B 正确

C. A 和 B 都正确

D. A 和 B 都不正确

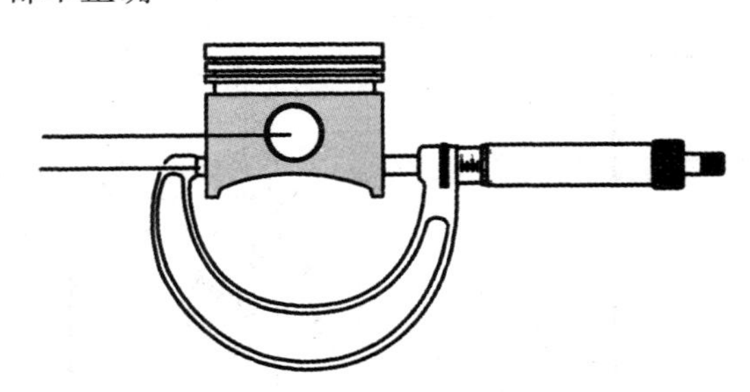

33. 一台顶置凸轮轴发动机已过热且气缸垫窜气。气缸盖已拆下。下述所选项应被检查，但不包括：

A. 缸盖下平面是否变形

B. 凸轮轴孔是否变形

C. 凸轮轴附件是否损伤

D. 缸盖是否有裂纹

34. 技师 A 说：采用推杆的发动机凸轮轴应检查凸轮是否磨损。

技师 B 说：应检查凸轮轴是否变形。

请问：谁是正确的?

A. 仅 A 正确

B. 仅 B 正确

C. A 和 B 都正确

D. A 和 B 都不正确

35. 技师正在检查发动机上的冷却液软管。

技师 A 说：应检查软管是否有裂纹。

技师 B 说：若在挤压时有嘎吱声，表明其管内有沉积物，应更换软管。

请问：谁是正确的?

A. 仅 A 正确

B. 仅 B 正确

C. A 和 B 都正确

D. A 和 B 都不正确

36. 技师 A 说：在下图中的 A 点开路将阻止起动机啮合。

技师 B 说：若 N 档安全开关开路，起动机将不会吸合。

请问：谁是正确的?

A. 仅 A 正确

B. 仅 B 正确

C. A 和 B 都正确

D. A 和 B 都不正确

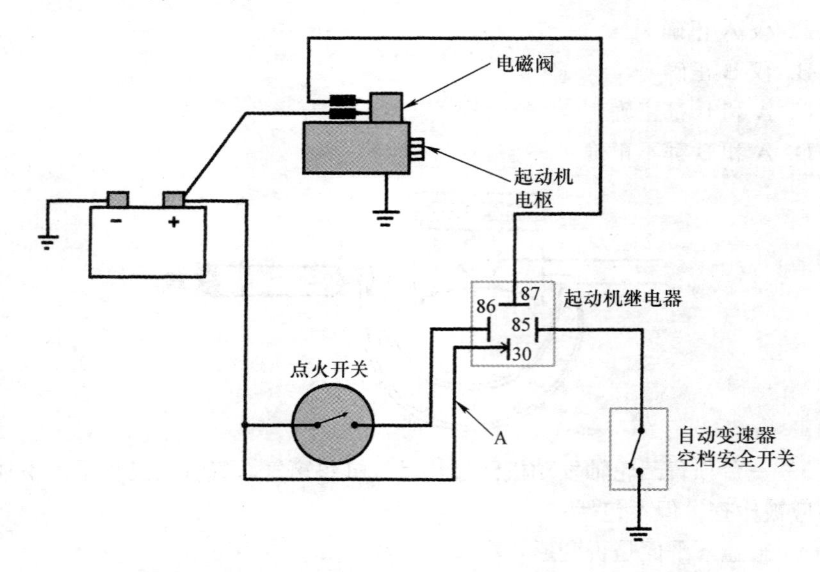

37. 在检查气门弹簧是否扭曲时，采用方法是：

A. 将其在一个平面上滚动

B. 将其压缩，看其是否变形

C. 将其竖立在一个平面上，靠住直尺并转动

D. 测量自由长度

38. 当检查冷却液时，下述选项哪一个是最不可能进行的测试？

A. 冷冻保护

B. pH 值

C. 流量

D. 电流

39. 气门杆密封的三种类型是：

A. 边缘式、O 形圈式和浮动式

B. O 形圈式、主动锁止式和箱式

C. 主动锁止式、伞形式和边缘式

D. 主动锁止式、O 形圈式和伞形式

40. 下述中哪一个是最不可能需要曲轴磨削加工的？

A. 轴颈失圆

B. 轴颈锥度过大

C. 轴颈有细小擦痕

D. 推力轴承面损伤

41. 技术 A 说：外表磨损的气门导管可采用滚花方式进行修复。

技术 B 说：外表磨损的气门导管必须更换。

请问：谁是正确的？

A. 仅 A 正确

B. 仅 B 正确

C. A 和 B 都正确

D. A 和 B 都不正确

42. 气缸盖正准备重新安装在短缸体上。

技师 A 说：在安装前，缸盖螺栓孔螺纹应使用丝锥修整螺纹。

技师 B 说：在安装前，润滑缸盖螺栓螺纹是必要的。

请问：谁是正确的？

A. 仅 A 正确

B. 仅 B 正确

C. A 和 B 都正确

D. A 和 B 都不正确

43. 技师 A 说：在铰削 45° 气门座面后，30° 的角度被用于定位气门与气门座的接触面。

技师 B 说：60° 的角度被用于定位气门与气门座的接触面。

请问：谁是正确的？

A. 仅 A 正确

B. 仅 B 正确

C. A 和 B 都正确

D. A 和 B 都不正确

44. 发动机起动转速过低且起动失败。

技师 A 说：发动机起动转速必须达到 450r/min 才能发动。

技师 B 说：该车蓄电池能量可能不足。

A. 仅 A 正确

B. 仅 B 正确

C. A 和 B 都正确

D. A 和 B 都不正确

45. 发动机有冷却液泄漏，但技师不能确定何处泄漏。

技师 A 说：对冷却系统施压至 25 psi，然后检查是否泄漏。

技师 B 说：很少的泄漏只能在热车刚熄火后才是明显的。

请问：谁是正确的？

A. 仅 A 正确

B. 仅 B 正确

C. A 和 B 都正确

D. A 和 B 都不正确

46. 在真空测试中，注意到当发动机转速升高时，真空表表针快速振荡。但在怠速时真空稳定且正常。下述中哪一个是最有可能的原因？

A. 活塞环磨损

B. 气门卡滞

C. 气门弹簧弹力弱

D. 排气系统堵塞

47. 技师 A 说：下图显示的是一副主轴承和止推轴承的两半部分。

技师 B 说：在发动机上有两个这样的轴承。

请问：谁是正确的?

A. 仅 A 正确

B. 仅 B 正确

C. A 和 B 都正确

D. A 和 B 都不正确

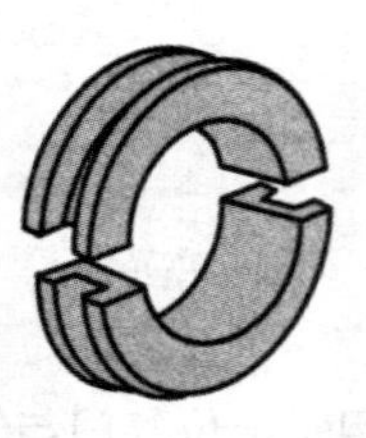

48. 技师正准备在顶置凸轮轴 4 缸发动机上安装已装配凸轮轴的气缸盖。下述操作中哪一个是最不可能的操作?

A. 用盲孔丝锥攻过整个缸盖螺栓孔

B. 在缸盖螺栓和螺栓垫上涂抹稍许机油

C. 将 1 号气缸活塞置于上止点

D. 清洁缸盖下平面上残留的机油

49. 水泵安装孔内的螺纹已经出现损伤。

技师 A 说：该螺纹可扩孔到加大尺寸，然后用合适尺寸和螺距的丝锥攻螺纹，以安装较大直径的螺栓。

技师 B 说：螺纹可用 HeliCoil 螺纹套修复。

请问：谁是正确的?

A. 仅 A 正确

B. 仅 B 正确

C. A 和 B 都正确

D. A 和 B 都不正确

50. 在某 4 缸发动机上完成起动压缩压力测试后，又进行了运转（动态）压缩压力测试。其结果显示 3 号气缸的运转压缩压力确实低于其他气缸。所有 4 个气缸的起动压缩压力在 ±10% 范围内。

请问：3 号缸运转压缩压力的测试结果表示：

A. 该缸排气受阻

B. 该缸进气受阻

C. 三元催化转换器堵塞

D. 空气滤芯堵塞

模拟考试 4

1. 客户说他的车机油压力表即使在高速路车速时也显示低。

技师 A 说：这可能是曲轴主轴承磨损所致。

技师 B 说：这可能是活塞环泄漏所致。

请问：谁是正确的?

A. 仅 A 正确

B. 仅 B 正确

C. A 和 B 都正确

D. A 和 B 都不正确

2. 技师在诊断发动机起动中间歇性不转动的问题。下述选项哪一个是最不可能引起此故障的原因?

A. 蓄电池正极连接不良

B. 起动机接地电路阻抗高

C. 发动机被液压顶死

D. 点火开关磨损

3. 当准备拆下发动机时，应进行下述中的哪一个操作?

A. 排出发动机冷却液

B. 排出机油

C. 断开燃油管路

D. 上述所有选项

4. 客户有一辆 1994 年款的汽车，他抱怨在走过汽车前部时有强烈的燃油味。下述选项中哪一个是最不可能的原因?

A. 喷油器密封件泄漏

B. 炭罐中充满燃油蒸发排放物

C. 燃油管路 O 形圈开裂

D. 燃油泵泄漏

5. 技师 A 说：长效冷却液可提供 5 年/240 000km 的防锈和防冻防护。

技师 B 说：长效冷却液可提供 5 年/240 000km 的防锈和防腐蚀防护。

请问：谁是正确的?

A. 仅 A 正确

B. 仅 B 正确

C. A 和 B 都正确

D. A 和 B 都不正确

6. 技师正在进行气缸转动的压缩压力测试。

技师 A 说：35% 的压力差是可接受的。

技师 B 说：各缸之间最高和最低的压力差应不超过 20%。

请问：谁是正确的?

A. 仅 A 正确

B. 仅 B 正确

C. A 和 B 都正确

D. A 和 B 都不正确

7. 在下图中，

技师 A 说：A 点是水分离器。

技师 B 说：谐振腔会减小进气啸叫声。

请问：谁是正确的？

A. 仅 A 正确

B. 仅 B 正确

C. A 和 B 都正确

D. A 和 B 都不正确

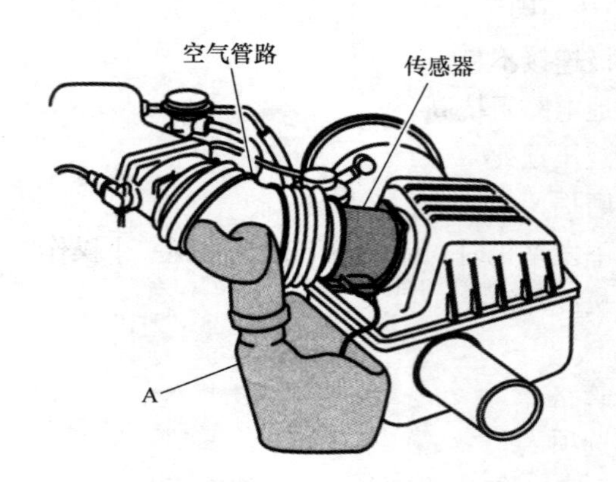

8. 压缩压力测试后，已确定气缸垫窜气。下述选项中哪一个是最不可能的结果？

A. 比正常压缩压力高

B. 机油呈奶褐色

C. 散热器冒气泡

D. 排气冒白烟

9. 装有三元催化转换器的汽车排气呈现带甜味的白烟，这表明：

A. 燃油混合气稀

B. 冷却液泄漏进燃烧室

C. 燃油混合气浓

D. 真空泄漏

10. 技师 A 说：冷却液中有锈可能导致水泵叶轮损坏。

技师 B 说：水泵叶轮可能是由塑料制成的。

请问：谁是正确的？

A. 仅 A 正确

B. 仅 B 正确

C. A 和 B 都正确

D. A 和 B 都不正确

11. 三元催化转换器过热会发红并加热乘客侧的底板，还会有强烈的硫黄味。其原因会是：

A. 发动机冷却液不正确

B. 真空泄漏

C. 燃油辛烷值过低

D. 燃油混合气浓

12. 技师 A 说：在燃油喷射发动机上，怠速偏低可能是由真空管开裂引起的。

技师 B 说：进气歧管真空泄漏会导致怠速时失火和较低的发动机转速。

请问：谁是正确的?

A. 仅 A 正确

B. 仅 B 正确

C. A 和 B 都正确

D. A 和 B 都不正确

13. 在真空测试中发现当发动机加速时，真空降至接近零，然后慢慢攀升到正常值。

技师 A 说：活塞环磨损。

技师 B 说：这表明气门弹簧弱。

请问：谁是正确的?

A. 仅 A 正确

B. 仅 B 正确

C. A 和 B 都正确

D. A 和 B 都不正确

14. 技师 A 说：某些 RTV 密封剂对氧传感器是有害的。

技师 B 说：RTV 密封剂是厌氧的。

请问：谁是正确的?

A. 仅 A 正确

B. 仅 B 正确

C. A 和 B 都正确

D. A 和 B 都不正确

15. 前驱汽车的发动机在加速时跳动并撞击发动机舱盖。检查发动机悬置，尽管未出现开裂，但前悬置上有油。

技师 A 说：发动机悬置完好，不是发动机位移的原因。

技师 B 说：油是来自液压悬置，这会允许过大的发动机位移。

请问：谁是正确的?

A. 仅 A 正确

B. 仅 B 正确

C. A 和 B 都正确

D. A 和 B 都不正确

16. 涡轮增压器增压压力减小的原因可能是：

A. 泄压阀卡滞在打开位置

B. 泄压阀膜片泄漏

C. 泄压阀连接杆断开

D. 泄压阀卡滞在关闭位置

17. 要更换暖风芯的水管，技师发现软管与接头粘连。下述哪一个是解决问题的最佳方式？

A. 使用钳子转动软管使其脱开

B. 在软管和接头之间用一字旋具撬开

C. 用手扭动，同时向外拉动使其脱开

D. 沿纵向切开，将其剥落

18. 技师正检查三元催化转换器是否阻塞。

技师 A 说：可用真空表检测。

技师 B 说：可用温度传感探头。

请问：谁是正确的？

A. 仅 A 正确

B. 仅 B 正确

C. A 和 B 都正确

D. A 和 B 都不正确

19. 汽车停放一夜后，刚起动时有轻微的拍击声，随后很快消失。最可能的原因会是：

A. 机油液面低

B. 连杆轴承磨损

C. 挺杆回漏过大

D. 机油泵无力

20. 技师 A 说：运转（动态）的压缩压力测试应拆除火花塞并断开喷油器电气接头后进行。

技师 B 说：怠速时的运转（动态）压缩压力测试结果应约是转动时压缩压力测试结果的 50%。

请问：谁是正确的？

A. 仅 A 正确

B. 仅 B 正确

C. A 和 B 都正确

D. A 和 B 都不正确

21. 在检查发动机连杆时，发现一对连杆轴承组下轴承的一侧和上轴承相对一侧磨损严重。可能的原因是：

A. 润滑不足

B. 连杆轴颈有锥度

C. 连杆扭曲

D. 曲轴弯曲

22. 1998 年的装有 4 组点火线圈的 8 缸发动机运转不平稳，在做功一致性测试中，相对的两缸无转速下降。

技师 A 说：这两缸共用的点火线圈可能损坏。

技师 B 说：凸轮轴与曲轴不同步会导致此现象。

请问：谁是正确的？

A. 仅 A 正确

B. 仅 B 正确

C. A 和 B 都正确

D. A 和 B 都不正确

23. 空气滤清器堵塞会引起下述现象，但不包括：

A. 性能不良

B. 加速迟缓

C. 较好的燃油经济性

D. 较差的燃油经济性

24. 检查气门弹簧，所有下述选项将被检查，但不包括：

A. 检查其自由高度

B. 检查其开启张力

C. 检查其关闭张力

D. 检查弹簧直径

25. 飞轮齿圈在多点严重磨损。

技师 A 说：这将导致起动机驱动齿轮啮合不良。

技师 B 说：这将导致起动机起动电流比正常值小。

请问：谁是正确的？

A. 仅 A 正确

B. 仅 B 正确

C. A 和 B 都正确

D. A 和 B 都不正确

26. 气缸泄漏量测试已完成，结果如下：

1 缸	2 缸	3 缸	4 缸
15%	95%	95%	10%

技师 A 说：这个结果说明气缸垫窜气。

技师 B 说：1 缸和 4 缸在允许限值内。

请问：谁是正确的？

A. 仅 A 正确

B. 仅 B 正确

C. A 和 B 都正确

D. A 和 B 都不正确

27. 技师 A 说：下图中的零件 X 可在不拆卸气缸盖的情况下被更换。

技师 B 说：必须拆卸气缸盖才能更换下图中的零件 Y。

请问：谁是正确的？

A. 仅 A 正确

B. 仅 B 正确

C. A 和 B 都正确

D. A 和 B 都不正确

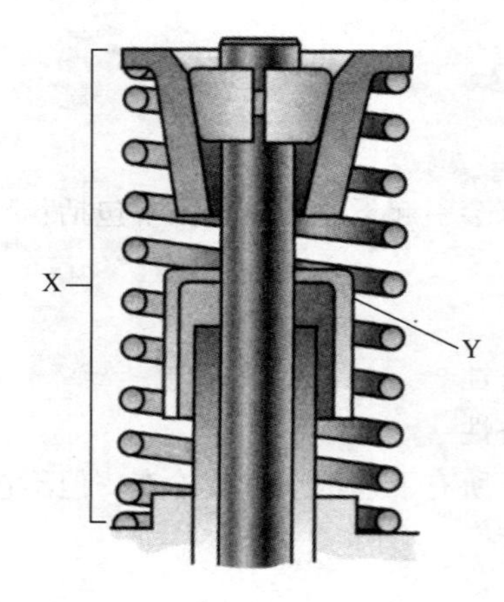

28. 汽车冷却液损失，检查发现在发动机舱没有冷却液泄漏的痕迹。

技师 A 说：冷却液损失是因散热器盖不良导致。

技师 B 说：暖风芯可能泄漏。

请问：谁是正确的？

A. 仅 A 正确

B. 仅 B 正确

C. A 和 B 都正确

D. A 和 B 都不正确

29. 汽车发动机转动正常，但发动的时间总是过长。下述哪一个是最不可能的原因？

A. 燃油滤清器部分堵塞

B. 燃油泵单向阀失效

C. 喷油器泄漏

D. 燃油压力调节器不良

30. 技师 A 说：曲轴主轴承下半片过大磨损是因长时间怠速运转导致的。

技师 B 说：该磨损可由长时间高速运转导致的。

请问：谁是正确的？

A. 仅 A 正确

B. 仅 B 正确

C. A 和 B 都正确

D. A 和 B 都不正确

31. 发动机转动的气缸压缩压力测试进行后，各缸均低于制造商规定值。

技师 A 说：应进行气缸湿式压缩压力的测试以排除气门是否是可能原因。

技师 B 说：因进行做功一致性测试以确定该问题。

请问：谁是正确的?

A. 仅 A 正确

B. 仅 B 正确

C. A 和 B 都正确

D. A 和 B 都不正确

32. 气缸盖被送至机加工车间修整缸盖平面。

技师 A 说：可使用砂带打磨机平整其平面使其平滑。

技师 B 说：表面处理对气缸垫的正确密封和寿命来讲是关键的。

请问：谁是正确的?

A. 仅 A 正确

B. 仅 B 正确

C. A 和 B 都正确

D. A 和 B 都不正确

33. 已完成真空测试，其结果如下图所示。

技师 A 说：非常低的读值可能是因气门粘结所致。

技师 B 说：低且稳定的读值可能是排气严重阻塞所致。

请问：谁是正确的?

A. 仅 A 正确

B. 仅 B 正确

C. A 和 B 都正确

D. A 和 B 都不正确

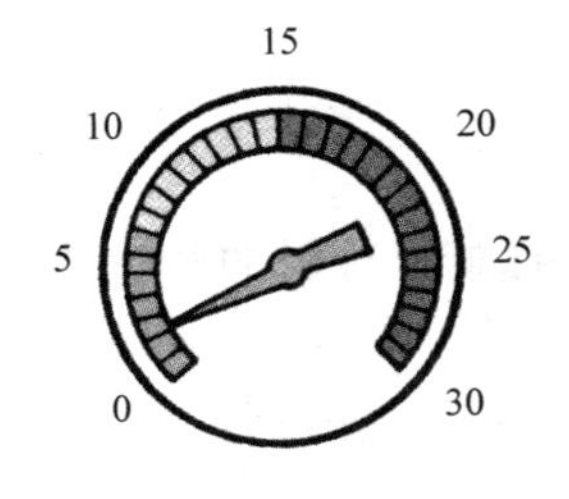

34. 根据下图所示：

技师 A 说：显示的是气门座宽度。

技师 B 说：显示的是座与气门表面的干涉角度。

请问：谁是正确的?

A. 仅 A 正确
B. 仅 B 正确
C. A 和 B 都正确
D. A 和 B 都不正确

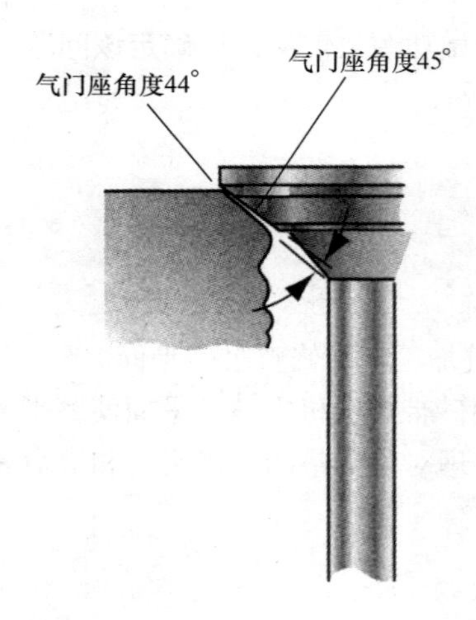

35. 下述各步骤中哪一个是技师最不可能将活塞销压入活塞和连杆的方法？
A. 将活塞和连杆的孔对正
B. 加热连杆小头
C. 确保活塞和连杆上的定位方向是原正确方向
D. 加热活塞销

36. 技师 A 说：若气门弹簧的自由长度在规定值内，就不必要再对其进行张力测试。
技师 B 说：若弹簧不正直可能导致气门座磨损不均匀。
请问：谁是正确的？
A. 仅 A 正确
B. 仅 B 正确
C. A 和 B 都正确
D. A 和 B 都不正确

37. 技师 A 说：在与平面挺杆接触的凸轮轴上，排气凸轮的磨损比进气凸轮磨损严重。
技师 B 说：这是因为在气门工作过程中压力提高。
请问：谁是正确的？
A. 仅 A 正确
B. 仅 B 正确
C. A 和 B 都正确
D. A 和 B 都不正确

38. 技师 A 说：应检查曲轴键槽是否有残缺或磨损。
技师 B 说；有裂纹的曲轴焊接后可继续使用。
请问：谁是正确的？
A. 仅 A 正确
B. 仅 B 正确
C. A 和 B 都正确
D. A 和 B 都不正确
39. 技师 A 说：采用平面挺杆的凸轮轴凸轮表面也是平的。
技师 B 说：平面挺杆具有凹面。
请问：谁是正确的？
A. 仅 A 正确
B. 仅 B 正确
C. A 和 B 都正确
D. A 和 B 都不正确
40. 技师 A 说：气缸体上机油道的堵塞可能是管螺纹。
技师 B 说：机油道的堵塞可能是杯形堵塞。
请问：谁是正确的？
A. 仅 A 正确
B. 仅 B 正确
C. A 和 B 都正确
D. A 和 B 都不正确
41. 技师 A 说：用正时灯可检查正时链条是否拉长。
技师 B 说：拉长的正时链条可能导致间歇性的性能不良。
请问：谁是正确的？
A. 仅 A 正确
B. 仅 B 正确
C. A 和 B 都正确
D. A 和 B 都不正确
42. 冷却系统中的节温器有助于防止：
A. 过热
B. 过冷
C. 暖风加热器芯泄漏
D. 软管老化
43. 下图是磁电式检测仪以及铁粉屑。下述选项中哪一个部件可被检查是否有裂纹？
A. 铝制进气歧管
B. 活塞
C. 铝制气缸盖
D. 铸铁气缸盖

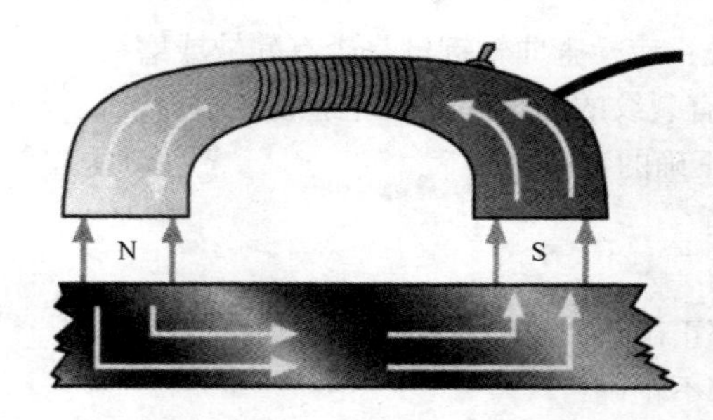

44. 在采用推杆的发动机上的气门摇臂的放大比为 1.5:1，这意味着：
A. 凸轮升起 8.89mm，使气门开启 4.445mm
B. 凸轮升起 8.89mm，使气门开启 13.335mm
C. 凸轮升起 8.89mm，使气门开启 8.890mm
D. 凸轮升起 8.89mm，使气门开启 17.78mm

45. 发动机附件传动带被检查。
技师 A 说：发动机运转但空调没有接通情况下，自动张紧器应没有振动。
技师 B 说：由传动带驱动的所有传动带轮必须安装在一个平面内。
请问：谁是正确的?
A. 仅 A 正确
B. 仅 B 正确
C. A 和 B 都正确
D. A 和 B 都不正确

46. 气缸筒顶部有隆起的拉痕。
技师 A 说：这是因燃烧室内有过多燃油导致的。
技师 B 说：这可能是因为活塞环间隙过小导致的。
请问：谁是正确的?
A. 仅 A 正确
B. 仅 B 正确
C. A 和 B 都正确
D. A 和 B 都不正确

47. 技师 A 说：机械增压器由发动机润滑系统提供润滑。
技师 B 说：机械增压器的润滑油是单独的，应按照制造商的规定进行更换。
请问：谁是正确的?
A. 仅 A 正确
B. 仅 B 正确
C. A 和 B 都正确
D. A 和 B 都不正确

48. 技师 A 说：在缸体内的凸轮轴轴承孔不变形，因此不必进行检查。
技师 B 说：缸体内的凸轮轴轴承孔一般是统一尺寸。
请问：谁是正确的?
A. 仅 A 正确

B. 仅 B 正确

C. A 和 B 都正确

D. A 和 B 都不正确

49. 技师 A 说：机油泵可能是凸轮轴通过分电器驱动。

技师 B 说：机油泵可能由凸轮轴驱动。

A. 仅 A 正确

B. 仅 B 正确

C. A 和 B 都正确

D. A 和 B 都不正确

50. 下图中，技师是在：

A. 测量主轴承间隙

B. 测量连杆间隙

C. 检查曲轴是否变形

D. 检查止推轴承间隙

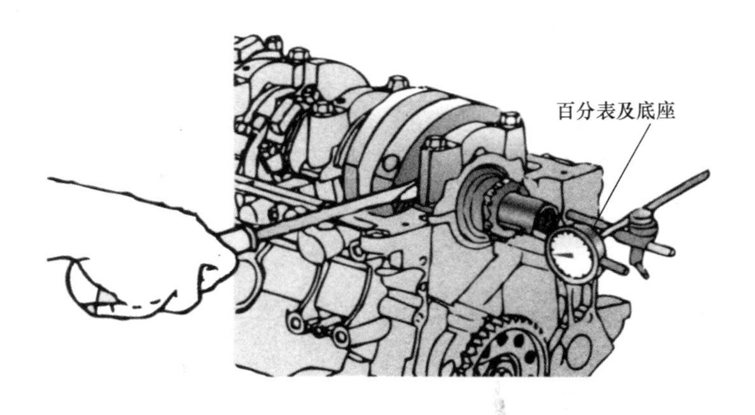

模拟考试 5

1. 客户抱怨来自发动机舱的噪声大。

请问：下述选项中哪一个最不可能是噪声的原因？

A. 排气歧管开裂

B. 真空泄漏

C. 挠性板开裂

D. 活塞上有积炭

2. 下图显示技师正在：

A. 安装气缸体中的凸轮轴轴承

B. 清洁凸轮轴供油孔

C. 拆除气缸体中的凸轮轴轴承

D. 检查轴颈油孔与凸轮轴轴承油孔是否对准

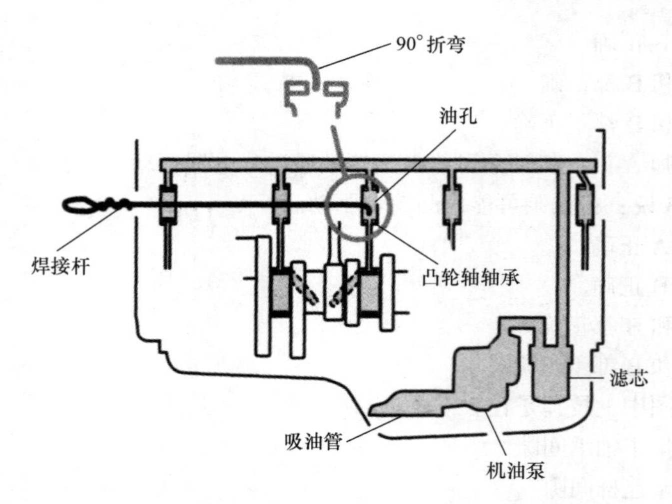

3. 一辆行驶里程数很大的车在高速公路行驶时过热，下述哪一个是最有可能的原因？

A. 节温器卡在关闭位置

B. 散热器盖真空阀失效

C. 冷却风扇不正确

D. 散热器芯被沉积物堵塞

4. 对标有 600A 额定冷起动电流（CCA）的蓄电池进行其额定 CCA 一半的 15s 负荷测试。其结果显示 10.1V。这表示该蓄电池：

A. 已损坏，应更换

B. 需要充电

C. 良好

D. 应在该负荷下重新测试 30s

5. 技师 A 说：全浮式活塞销支撑在连杆小头的钢制衬套内。

技师 B 说：使用青铜衬套。

请问：谁是正确的？

A. 仅 A 正确

B. 仅 B 正确

C. A 和 B 都正确

D. A 和 B 都不正确

6. 技师 A 说：O 形圈式气门杆油封应在安装气门弹簧和固定器后安装。

技师 B 说：强制锁止式气门杆油封骑在气门杆上。

A. 仅 A 正确

B. 仅 B 正确

C. A 和 B 都正确

D. A 和 B 都不正确

7. 一辆汽车，机油损耗过多。

技师 A 说：该损耗可能是由后主油封造成的。

技师 B 说：不良的气门杆油封会导致机油消耗过多。

请问：谁是正确的?

A. 仅 A 正确

B. 仅 B 正确

C. A 和 B 都正确

D. A 和 B 都不正确

8. 技师 A 说：活塞环端隙过大会导致活塞环粘连并折断。

技师 B 说：活塞环端隙过小会导致燃烧气体窜漏。

请问：谁是正确的?

A. 仅 A 正确

B. 仅 B 正确

C. A 和 B 都正确

D. A 和 B 都不正确

9. 客户抱怨车辆在长距离行驶后机油压力减小。下述选项哪一个是最有可能的原因?

A. 主轴承磨损

B. 机油泵工作不良

C. 机油压力传感器失效

D. 油底盘中的污物堵塞吸油口滤网

10. 技师 A 说：下图显示的是落座良好的气门头部温度。

技师 B 说：该图显示的是没有与气门座接触的气门头部温度。

A. 仅 A 正确

B. 仅 B 正确

C. A 和 B 都正确

D. A 和 B 都不正确

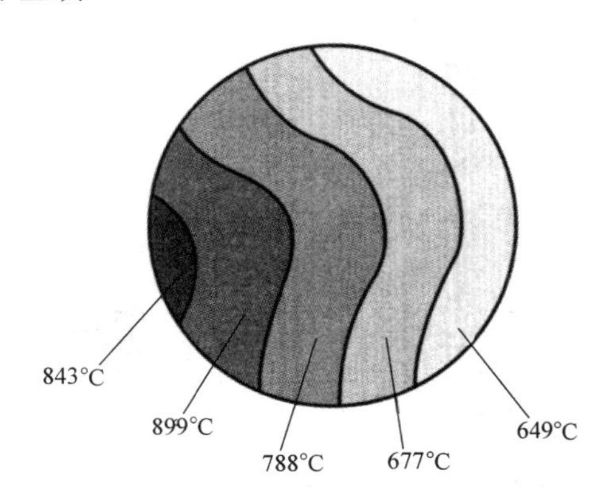

11. 发动机曲轴转速远高于起动转速，但无法发动。下述哪一个是最不可能的原因?

A. 起动机电气阻抗过大

B. 蓄电池能量不足

C. 正时传动带断裂

D. 点火开关触点磨损

12. 技师 A 说：所有前轮驱动车型的发动机可通过发动机舱上部拆下。

技师 B 说：某些前轮驱动车型的发动机必须从汽车下部拆下。

请问：谁是正确的?

A. 仅 A 正确

B. 仅 B 正确

C. A 和 B 都正确

D. A 和 B 都不正确

13. 客户抱怨车辆在行驶时从发动机后部有机油泄漏。

技师 A 说：泄漏可能来自发动机后主油封。

技师 B 说：若外观检查不能发现泄漏点，应在机油中加入荧光染色剂。

请问：谁是正确的?

A. 仅 A 正确

B. 仅 B 正确

C. A 和 B 都正确

D. A 和 B 都不正确

14. 下图中技师正在检查：

A. 机油压力

B. 发动机真空

C. 燃油压力

D. PCV 系统

15. 在运转不良的发动机上进行真空检查时，发现真空稳定保持在 8~14inHg.

技师 A 说：这可能是因气门弹簧弱导致。

技师 B 说：点火正时不正确将导致该问题。

请问：谁是正确的？

A. 仅 A 正确

B. 仅 B 正确

C. A 和 B 都正确

D. A 和 B 都不正确

16. 在检查散热器中的冷却液液面时，发现红色的油污漂浮在冷却液上。

技师 A 说：这是铁锈，应冲洗冷却系统。

技师 B 说：这可能是变速器油，在散热器中产生泄漏。

请问：谁是正确的？

A. 仅 A 正确

B. 仅 B 正确

C. A 和 B 都正确

D. A 和 B 都不正确

17. 技师完成了发动机的压缩压力测试，发现 1 号气缸和 3 号气缸压缩压力低。

请问：在他的诊断中下一步要测试的是：

A. 做功一致性测试

B. 气缸泄漏测试

C. 湿式压缩压力测试

D. 动态压缩压力测试

18. 技师 A 说：在采用推杆的发动机上，当工作在非常高的转速时，液压挺杆会被泵入机油。

技师 B 说：这可能导致气门弯曲。

A. 仅 A 正确

B. 仅 B 正确

C. A 和 B 都正确

D. A 和 B 都不正确

19. 技师对客户汽车进行路试，但未能重现客户的抱怨。

请问：下一步要做的是什么？

A. 请求接待人员，电话联系客户以获得更多信息

B. 驾车返回并告知客户：“未发现问题。”

C. 基于客户抱怨进行维修

D. 电话联系客户以获得更多信息，诸如问题经常出现在什么时候和什么状态。

20. 技师 A 说：所有活塞销在活塞裙部中都是居中的。

技师 B 说：某些活塞销会是偏置的。

请问：谁是正确的？

A. 仅 A 正确

B. 仅 B 正确

C. A 和 B 都正确

D. A 和 B 都不正确

21. 在 4 缸发动机上进行起动压缩压力测试，结果如下：

1 号气缸	2 号气缸	3 号气缸	4 号气缸
135psi	20 psi	20 psi	130 psi

技师 A 说：应对 2 号气缸和 3 号气缸进行湿式压缩压力测试。

技师 B 说：该结果表明 2 号气缸和 3 号气缸之间的气缸垫窜气。

请问：谁是正确的?

A. 仅 A 正确

B. 仅 B 正确

C. A 和 B 都正确

D. A 和 B 都不正确

22. 刚更换蛇形传动带后，在早晨和加速时有尖叫声。

技师 A 说：这可能是传动带轮槽磨损导致的。

技师 B 说：张紧器张力不足会导致此问题。

请问：谁是正确的?

A. 仅 A 正确

B. 仅 B 正确

C. A 和 B 都正确

D. A 和 B 都不正确

23. 下图中的仪表设备被用于进行：

A. 机油压力测试

B. 压缩压力测试

C. 气缸泄漏量测试

D. 真空测试

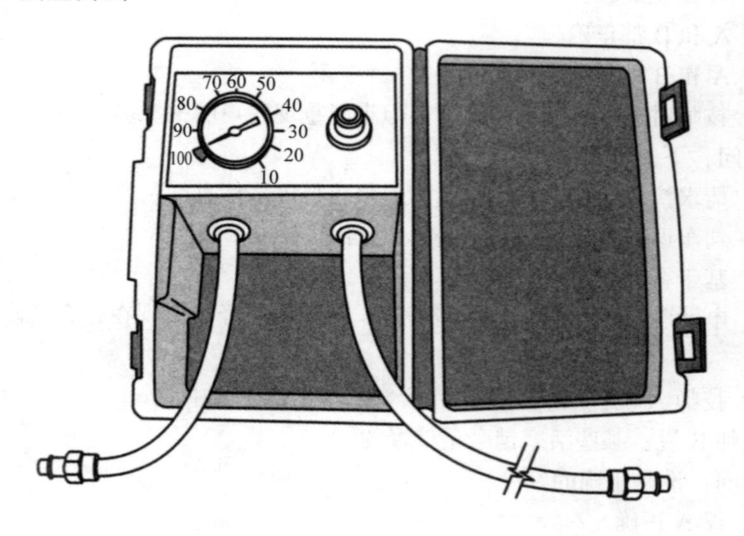

24. 技师 A 说：RTV 可用于节气门体喷射总成与进气歧管之间的密封。

技师 B 说：RTV 是一种衬垫材料，不应涂抹在其他衬垫上。

请问：谁是正确的?

A. 仅 A 正确

B. 仅 B 正确

C. A 和 B 都正确

D. A 和 B 都不正确

25. 客户汽车的排气是白色的，并伴有甜味。

技师 A 说：这表示气缸内混合气浓。

技师 B 说：这表示气缸内的机油被燃烧。

请问：谁是正确的?

A. 仅 A 正确

B. 仅 B 正确

C. A 和 B 都正确

D. A 和 B 都不正确

26. 技师 A 说：绝大多数新设计的发动机使用张力低的活塞环。

技师 B 说：张力低的活塞环可降低气缸中的阻力，有助于改善燃油经济性。

请问：谁是正确的?

A. 仅 A 正确

B. 仅 B 正确

C. A 和 B 都正确

D. A 和 B 都不正确

27. 当起动机不能驱动发动机转动时，应首先进行下述选项中的哪一个操作?

A. 测量蓄电池静态电压

B. 拆下并检查火花塞

C. 检查燃油压力

D. 用起动机遥控按钮旁路起动机电磁阀

28. 见下图，

技师 A 说：A 是平衡配重。

技师 B 说：A 是磁阻环。

请问：谁是正确的?

A. 仅 A 正确

B. 仅 B 正确

C. A 和 B 都正确

D. A 和 B 都不正确

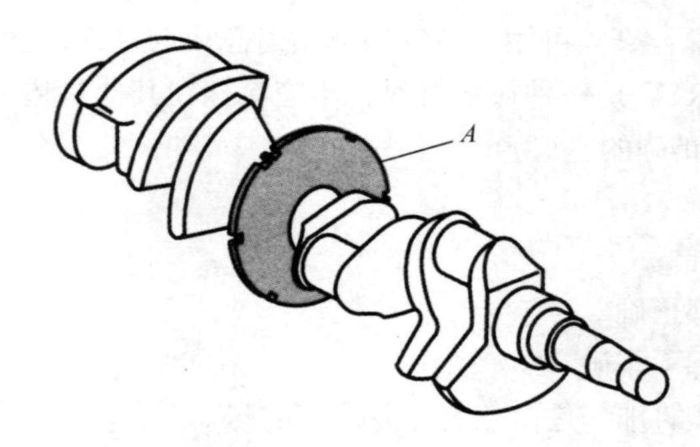

29. 下述所有选项是机油压力低的原因，但不包括：

A. 曲轴主轴承磨损

B. 机油泵安全阀弹簧弱

C. 压力安全阀卡在关闭位置

D. 推杆油道阻塞

30. 技师 A 说：节温器标示的 82℃是全开时的温度。

技师 B 说：节温器在约 82℃时开始打开。

请问：谁是正确的?

A. 仅 A 正确

B. 仅 B 正确

C. A 和 B 都正确

D. A 和 B 都不正确

31. 技师 A 说：若取下正时传动带并打算继续使用，必须标记原转动的方向。

技师 B 说：正时传动带已被油污染，清洁后可继续使用。

请问：谁是正确的?

A. 仅 A 正确

B. 仅 B 正确

C. A 和 B 都正确

D. A 和 B 都不正确

32. 技师 A 说：旧的冷却液无害，因此可处理到车间排水系统中。

技师 B 说：旧的冷却液应使用安全环保的方式进行处理。

请问：谁是正确的?

A. 仅 A 正确

B. 仅 B 正确

C. A 和 B 都正确

D. A 和 B 都不正确

33. 在检查时发现离机油泵最远的轴承磨损较严重，而在靠近机油泵的轴承磨损不明显。

请问：最可能造成此磨损的原因是什么?

A. 发动机在低速时过载

B. 附件传动带过紧
C. 无机油润滑的起动（干起动）
D. 曲轴变形
34. 发动机怠速工作粗暴，技师注意到从发动机舱发出高频哨声。
请问：下述选项哪一个是最有可能的原因？
A. 风扇传动带打滑
B. 排气管泄漏
C. 发电机轴承不良
D. 进气系统真空泄漏
35. 下图显示技师正在：
A. 安装气门导管
B. 测量气门杆安装高度
C. 测量气门导管是否磨损
D. 拆卸气门导管

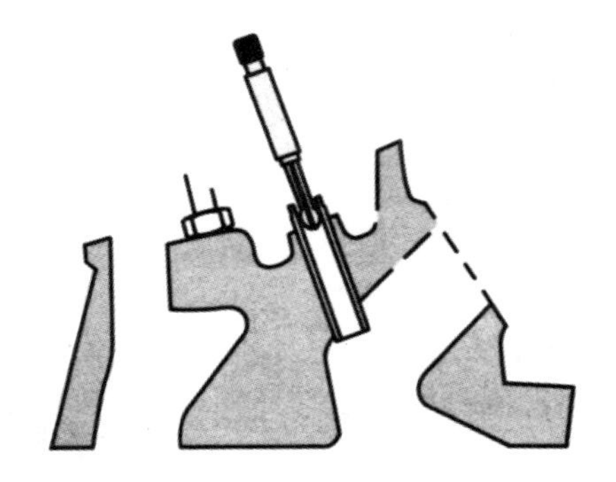

36. 根据下图，
技师 A 说：若 A 和 B 之间距离过大，将导致发动机无法转动。
技师 B 说：信号采集装置 B 是热敏式的。
请问：谁是正确的？
A. 仅 A 正确
B. 仅 B 正确
C. A 和 B 都正确
D. A 和 B 都不正确

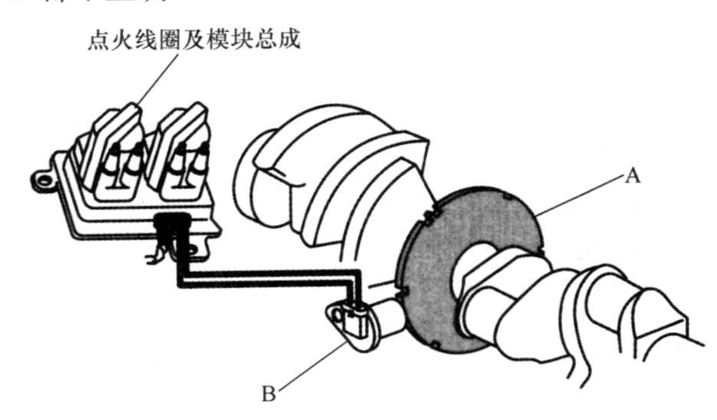

37. 技师 A 说：排气歧管有裂纹会导致燃油经济性变差。
技师 B 说：排气歧管有裂纹将导致氧传感器读值出错。
请问：谁是正确的？
A. 仅 A 正确
B. 仅 B 正确
C. A 和 B 都正确
D. A 和 B 都不正确
38. 水泵故障可通过所有下述选项进行诊断，但不包括：
A. 使用压力测试仪
B. 从水泵处泄漏出冷却液
C. 从水泵区域发出摩擦噪声
D. 水温表读值比正常值低
39. 根据下图，
技师 A 说：A 是中冷器。
技师 B 说：机械增压器由排气驱动。
请问：谁是正确的？
A. 仅 A 正确
B. 仅 B 正确
C. A 和 B 都正确
D. A 和 B 都不正确

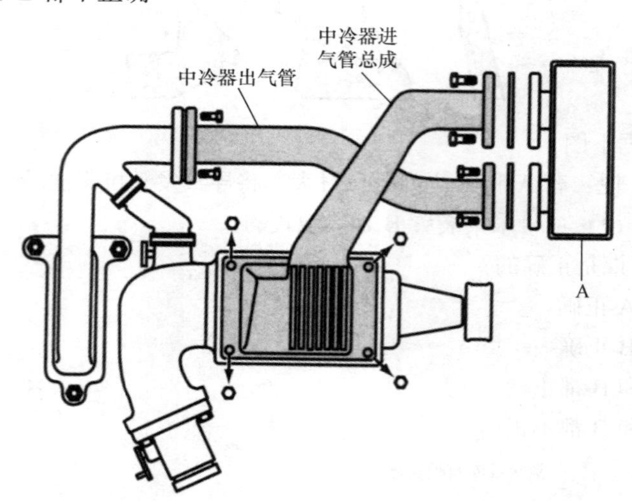

40. 下述有关 TTY 螺栓的所有选项是正确的，但不包括：
A. 提供均匀的夹紧力
B. 一般要求特殊的拧紧步骤
C. 用过的螺栓始终被弃用
D. 可能被用作连杆螺栓
41. 根据下图，
技师 A 说：熔丝 A 烧毁将阻止左侧冷却风扇运转。

技师 B 说：熔丝 B 烧毁将阻止左侧冷却风扇低速运转。

请问：谁是正确的?

A. 仅 A 正确

B. 仅 B 正确

C. A 和 B 都正确

D. A 和 B 都不正确

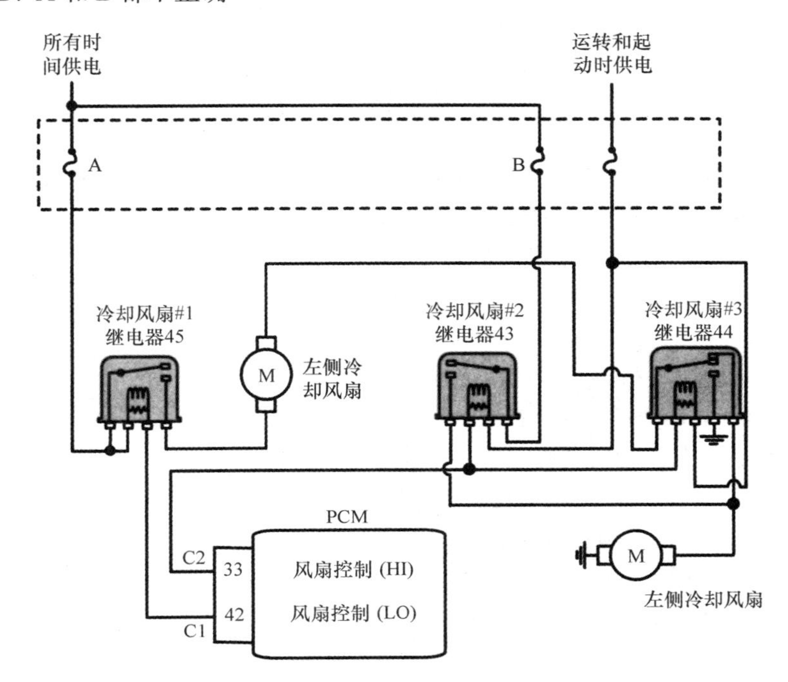

42. 技师 A 说：喷油器由曲轴位置传感器控制。

技师 B 说：素光测试灯可用于检查喷油器触发信号。

请问：谁是正确的?

A. 仅 A 正确

B. 仅 B 正确

C. A 和 B 都正确

D. A 和 B 都不正确

43. 技师 A 说：必须检查气门固定器是否有磨损、裂纹和变圆滑。

技师 B 说：也必须检查气门固定器锁止槽是否有磨损。

请问：谁是正确的?

A. 仅 A 正确

B. 仅 B 正确

C. A 和 B 都正确

D. A 和 B 都不正确

44. 下图中的气门间隙是如何调整的?

A. 在 W 点添加调整垫片

B. 在 X 点添加垫片

C. 转动螺母 Z

D. 更换推杆

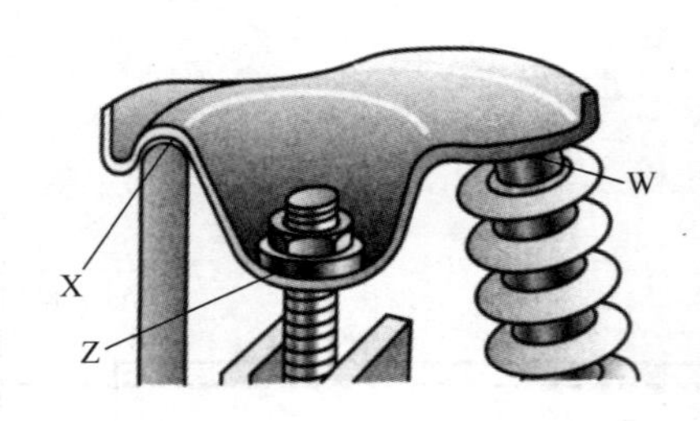

45. 技师 A 说：某些制造商使用一个传感器反映空气滤清器的状态。

技师 B 说：空气滤清器的状态显示在仪表板上。

请问：谁是正确的？

A. 仅 A 正确

B. 仅 B 正确

C. A 和 B 都正确

D. A 和 B 都不正确

46. 顶置凸轮轴发动机中的凸轮轴孔不使用轴承。

技师 A 说：若凸轮轴与孔的间隙超出规定值，可安装轴承以解决此问题。

技师 B 说：必须更换气缸盖

请问：谁是正确的？

A. 仅 A 正确

B. 仅 B 正确

C. A 和 B 都正确

D. A 和 B 都不正确

47. 凸轮轴粘结的最不可能原因是：

A. 轴承安装不正确

B. 凸轮轴安装孔不同心

C. 轴承间隙过大

D. 轴颈轴承盖位置顺序有错

48. 在一台进气口喷射的发动机上进行做功一致性测试，发现其中一个气缸没有转速变化。请问最有可能的原因是哪一个？

A. 曲轴位置传感器不良

B. 节气门体真空泄漏

C. 火花塞高压线不良

D. 凸轮轴位置传感器损坏

49. 技师 A 说：在更换喷油器前泄放喷油器油轨中的压力是重要的。

技师 B 说：根据喷油系统类型，燃油压力也许是 50psi（3.5bar）或更高。

请问：谁是正确的？

A. 仅 A 正确
B. 仅 B 正确
C. A 和 B 都正确
D. A 和 B 都不正确

50. 冷起动后，客户感觉到来自发动机舱的很大的爆裂声或隆隆声，当暖机后才会安静下来。

技师 A 说：这可能是连杆轴承磨损导致的。
技师 B 说：这可能是挺杆排空导致的发动机正常噪声。
请问：谁是正确的?
A. 仅 A 正确
B. 仅 B 正确
C. A 和 B 都正确
D. A 和 B 都不正确

模拟考试 6

1. 技师 A 说：当发动机与自动变速器分开时，变速器的变矩器随着发动机分离。

技师 B 说：在拆下发动机前，必须先拆下所有附件。
请问：谁是正确的?
A. 仅 A 正确
B. 仅 B 正确
C. A 和 B 都正确
D. A 和 B 都不正确

2. 在拆卸过程中，发现一些气门杆的顶部磨损呈蘑菇状。
技师 A 说：在拆卸气门前，应用锉刀修整气门杆顶部的蘑菇头。
技师 B 说：这很有可能是气门间隙过大造成的。
请问：谁是正确的?
A. 仅 A 正确
B. 仅 B 正确
C. A 和 B 都正确
D. A 和 B 都不正确

3. 技师 A 说:中冷器可用于冷却进入燃烧室前的被机械增压器吸入的空气。
技师 B 说：中冷器可防止机械增压器过热。
请问：谁是正确的?
A. 仅 A 正确
B. 仅 B 正确
C. A 和 B 都正确
D. A 和 B 都不正确

4 . 技师正在查找来自发动机舱盖下间断的敲击声，该噪声出现在发动机转速提高时。下述选项中哪一个最不可能是出现该噪声的原因？

A. 进气门粘滞

B. 点火正时不正确

C. 进气门弹簧断裂

D. 连杆轴承磨损

5. 技师 A 说：气门推杆可用于向气门摇臂提供润滑油。

技师 B 说：推杆弯曲可能表明气门被活塞撞击。

请问：谁是正确的？

A. 仅 A 正确

B. 仅 B 正确

C. A 和 B 都正确

D. A 和 B 都不正确

6. 客户反映从汽车排气管连续冒出大量蓝烟。

技师 A 说：其问题可能是主轴承磨损。

技师 B 说：这可能是燃烧室中燃油过多导致的。

请问：谁是正确的？

A. 仅 A 正确

B. 仅 B 正确

C. A 和 B 都正确

D. A 和 B 都不正确

7. 纵置后驱发动机更换水泵时，哪一个最不可能是必须拆下的零部件？

A. 冷却风扇

B. 风扇传动带

C. 散热器

D. 风扇挡风罩

8. 技师 A 说：下图中的 *A* 表示气门边缘厚度。

技师 B 说：通常气门边缘厚度应测量且不应小于 0.79mm。

请问：谁是正确的？

A. 仅 A 正确

B. 仅 B 正确

C. A 和 B 都正确

D. A 和 B 都不正确

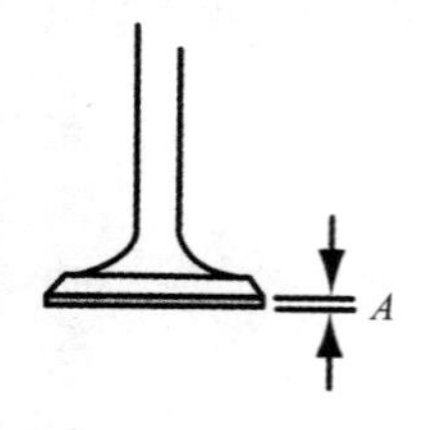

9. 一台性能不良的发动机进行了起动压缩压力测试。其结果显示所有气缸压缩压力低。技师随后进行了湿式压缩压力测试，所有气缸压缩压力都有提高。

技师 A 说：湿式压缩压力测试结果表明气缸垫没能密封。

技师 B 说：湿式压缩压力测试结果表明气缸筒和活塞磨损。

请问：谁是正确的？

A. 仅 A 正确

B. 仅 B 正确

C. A 和 B 都正确

D. A 和 B 都不正确

10. 油底壳正被重新安装在发动机上。

技师 A 说：油底壳可用 RTV 进行密封。

技师 B 说：可安装新的油底壳衬垫。

请问：谁是正确的？

A. 仅 A 正确

B. 仅 B 正确

C. A 和 B 都正确

D. A 和 B 都不正确

11. 技师 A 说：所有乙二醇基的冷却液都一样。

技师 B 说：不同类型的冷却液可混用，且不会有问题。

请问：谁是正确的？

A. 仅 A 正确

B. 仅 B 正确

C. A 和 B 都正确

D. A 和 B 都不正确

12. 下述工具中哪一个可用于测量气门与气门导管之间的间隙？

A. 千分尺和塞尺

B. 数字式卡尺和塞尺

C. 塞尺和机械尺子

D. 小孔规和千分尺

13. 技师 A 说：若制造商对所有主轴承盖没有标记其原安装位置和方向，在开始拆解发动机缸体前，必须进行标记。

技师 B 说：胀裂式连杆的轴承盖应标记其原始安装的方向和气缸。

请问：谁是正确的？

A. 仅 A 正确

B. 仅 B 正确

C. A 和 B 都正确

D. A 和 B 都不正确

14. 某辆汽车发动机偶尔会发生不能转动的情形，起动机继电器已经更换过。

请问：下述选项中哪一个是最不可能的原因？

A. 蓄电池电缆连接松动

B. 空档安全开关磨损

C. 蓄电池正极至起动机的线路开路

D. 点火开关磨损

15. 根据下图中：

技师 A 说：图中 A 是一个辅助加热器。

技师 B 说：图中 A 是自动变速器油冷却器。

请问：谁是正确？

A. 仅 A 正确

B. 仅 B 正确

C. A 和 B 都正确

D. A 和 B 都不正确

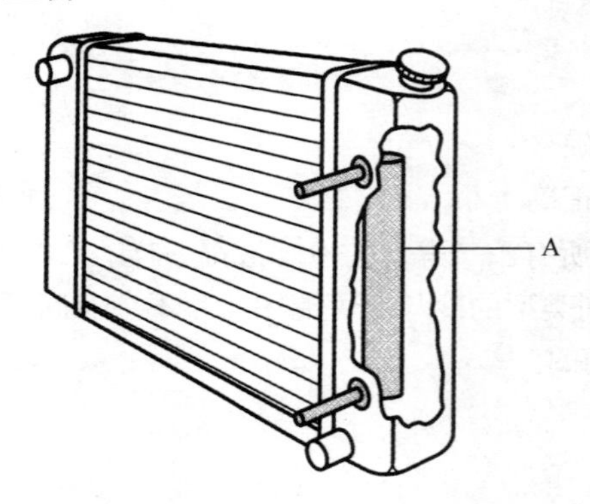

16. 下述选项中哪一个最不可能是机油泄漏的位置？

A. 发动机油底壳衬垫

B. 气门室盖衬垫

C. 机油压力传感器

D. 上部进气歧管衬垫

17. 下图中，气门座与气门密封面的接触位置过高，而座的接触区域过宽。

技师 A 说：用 45° 铰刀使气门座接触面变窄。

技师 B 说：用 30° 铰刀铰削座的顶部。

请问：谁是正确的？

A. 仅 A 正确

B. 仅 B 正确

C. A 和 B 都正确

D. A 和 B 都不正确

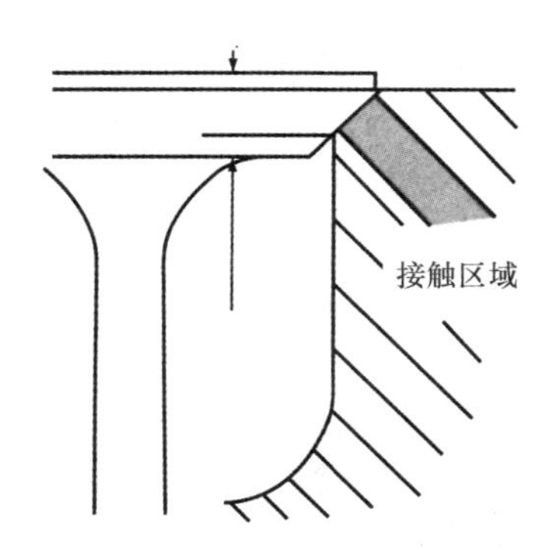

18. 下图说明技师正在：
A. 检查轴颈直径
B. 抛光轴颈
C. 检查曲轴径向跳动
D. 对曲轴进行退磁

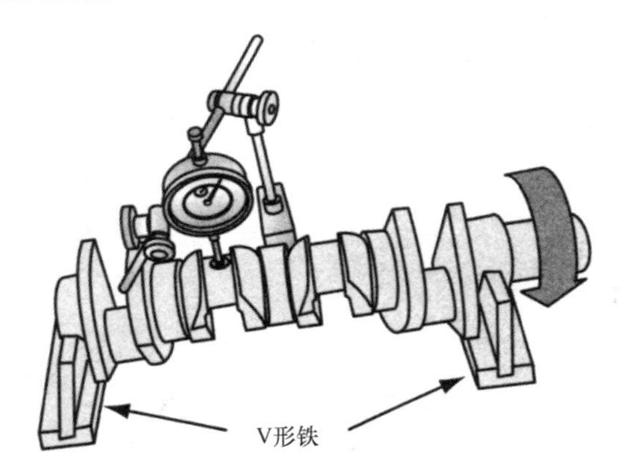

19. 技师 A 说：V 形传动带过紧会导致水泵外侧轴承损坏。
技师 B 说：V 形传动带过紧会导致 1 号曲轴主轴颈上半片轴承损坏。
请问：谁是正确的?
A. 仅 A 正确
B. 仅 B 正确
C. A 和 B 都正确
D. A 和 B 都不正确
20. 进行各缸做功一致性测试以确定性能不良的气缸。
技师 A 说：性能不良气缸的转速将下降。
技师 B 说：性能良好的发动机所有气缸转速之差应在 10%。
请问：谁是正确的?
A. 仅 A 正确
B. 仅 B 正确
C. A 和 B 都正确
D. A 和 B 都不正确
21. 技师 A 说：所有活塞销与连杆小头都是压配合的。

技师 B 说：某些活塞销是全浮式的。
请问：谁是正确的？
A. 仅 A 正确
B. 仅 B 正确
C. A 和 B 都正确
D. A 和 B 都不正确
22. 进行气缸泄漏测试，一个气缸泄漏量超过 80%。
技师 A 说：泄漏可能是进入了冷却系统。
技师 B 说：在散热器处进行燃烧气体的测试，可证实此判断。
请问：谁是正确的？
A. 仅 A 正确
B. 仅 B 正确
C. A 和 B 都正确
D. A 和 B 都不正确
23. 技师 A 说：下图中 A 是排气门。
技师 B 说：排气门始终小于进气门。
请问：谁是正确的？
A. 仅 A 正确
B. 仅 B 正确
C. A 和 B 都正确
D. A 和 B 都不正确

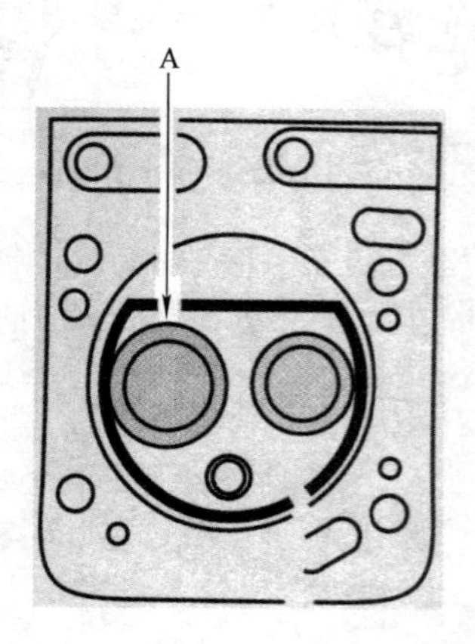

24. 技师 A 说：绝大多数气缸的磨损发生在活塞环行程的中间。
技师 B 说：绝大多数气缸的磨损发生在活塞环行程的下边。
请问：谁是正确的？
A. 仅 A 正确
B. 仅 B 正确
C. A 和 B 都正确
D. A 和 B 都不正确
25. 根据下图，
技师 A 说：正在检查凸轮轴凸轮升程。

技师 B 说：正在检查凸轮轴的径向跳动。
请问：谁是正确的？
A. 仅 A 正确
B. 仅 B 正确
C. A 和 B 都正确
D. A 和 B 都不正确

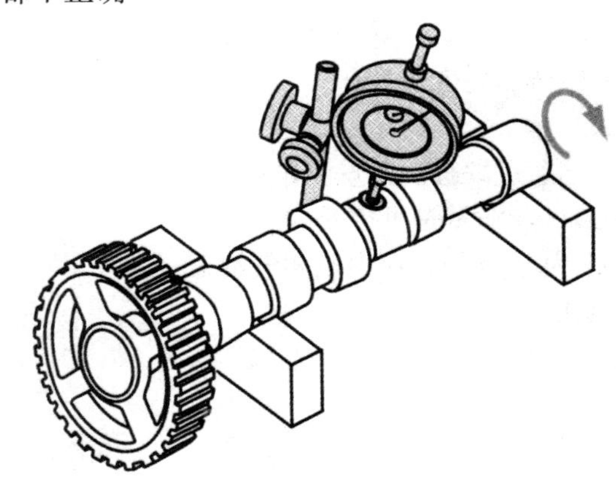

26. 真空表挂在发动机上，表针随转速提高在 14~18inHg 之间快速摆动。
技师 A 说：进气歧管阻塞。
技师 B 说：气门弹簧可能弹力不足或断裂。
请问：谁是正确的？
A. 仅 A 正确
B. 仅 B 正确
C. A 和 B 都正确
D. A 和 B 都不正确
27. 发动机在停停走走时过热，但在高速公路上时不过热。
技师 A 说：散热器盖不良可能是其原因。
技师 B 说：冷却风扇不工作可能是其原因。
请问：谁是正确的？
A. 仅 A 正确
B. 仅 B 正确
C. A 和 B 都正确
D. A 和 B 都不正确
28. 涡轮增压发动机的排气管冒出大量蓝烟，最不可能的原因是：
A. 活塞环磨损
B. 气门杆密封不良
C. PCV 阀卡滞在打开位置
D. 涡轮增压器密封件磨损
29. 技师 A 说：在气门座修复前应先修复磨损的气门导管。
技师 B 说：在修理气门导管前应先更换气门座。
请问：谁是正确的？

A. 仅 A 正确
B. 仅 B 正确
C. A 和 B 都正确
D. A 和 B 都不正确

30. 下述所有选项是 PCV 阀卡滞在打开位置的症状，但不包括：
A. 发动机怠速粗暴
B. 空燃比大
C. 气体在空气滤清器处旁通
D. 发动机失速

31. 发动机缺缸已通过缺缸泄漏量测试被诊断。
技师 A 说：20% 的泄漏量是可接受的。
技师 B 说：空气从进气歧管流出表明气缸盖有裂纹。
请问：谁是正确的？
A. 仅 A 正确
B. 仅 B 正确
C. A 和 B 都正确
D. A 和 B 都不正确

32. 技师 A 说：下图是无回油管的燃油系统。
技师 B 说：燃油泵和压力调节器安装在燃油箱中。
请问：谁是正确的？
A. 仅 A 正确
B. 仅 B 正确
C. A 和 B 都正确
D. A 和 B 都不正确

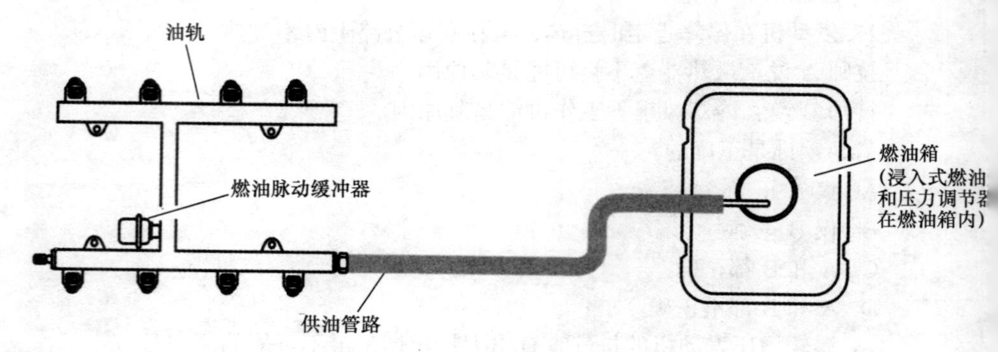

33. 技师 A 说：活塞与气缸筒的间隙通常是 0.5~0.76mm。
技师 B 说：活塞与气缸筒的间隙通常是 0.025~0.05mm。
请问：谁是正确的？
A. 仅 A 正确
B. 仅 B 正确
C. A 和 B 都正确
D. A 和 B 都不正确

34. 技师 A 说：空气进气管入口在发动机舱内。

技师 B 说：当检查或更换空气滤清器时应检查是否被污染。

请问：谁是正确的？

A. 仅 A 正确

B. 仅 B 正确

C. A 和 B 都正确

D. A 和 B 都不正确

35. 技师 A 说：卡滞或粘连会导致气门弯曲。

技师 B 说：正时传动带错三个齿可能会导致气门弯曲。

请问：谁是正确的？

A. 仅 A 正确

B. 仅 B 正确

C. A 和 B 都正确

D. A 和 B 都不正确

36. 技师 A 说：机油冷却器可能在散热器一侧储水槽中。

技师 B 说：变速器油冷却器可能在散热器一侧储水槽中。

请问：谁是正确的？

A. 仅 A 正确

B. 仅 B 正确

C. A 和 B 都正确

D. A 和 B 都不正确

37. 技师 A 说：当点火线圈模组已损坏时，其上面的火花塞高压线也应被检查。

技师 B 说：绝大多数线圈模组被称为多余火花的点火系统。

请问：谁是正确的？

A. 仅 A 正确

B. 仅 B 正确

C. A 和 B 都正确

D. A 和 B 都不正确

38. 技师 A 说：在发动机上用机械调整方式调整气门时。活塞必须处于排气行程的下止点位置。

技师 B 说：某些机械式气门调整采用改变挺杆筒上的可拆卸式间隙垫片来进行。

请问：谁是正确的？

A. 仅 A 正确

B. 仅 B 正确

C. A 和 B 都正确

D. A 和 B 都不正确

39. 发动机曲轴可转动但不能起动。下述选项中哪一个不是发动机起动并运转所需要的：

A. 压缩压力

B. 机油压力

C. 燃油压力

D. 点火火花

40. 技师为维修汽车，按步骤进行诊断。下述选项中哪一个是他最不可能进行的步骤？

A. 路试

B. 询问客户有关此问题的更多信息

C. 确认最初的抱怨

D. 开始进行更复杂的测试

41. 技师A说：主轴承孔用直尺和塞尺测其同轴度。

技师B说：同轴度不正确的主轴承孔可用同轴镗工艺加以修正。

请问：谁是正确的？

A. 仅A正确

B. 仅B正确

C. A和B都正确

D. A和B都不正确

42．技师A说：气缸体上部的机油通道可用管塞进行密封。

技师B说：机油通道堵塞必须取下以便彻底清洗该通道。

请问：谁是正确的？

A. 仅A正确

B. 仅B正确

C. A和B都正确

D. A和B都不正确

43．技师A说：与气门机构有关的噪声可能是因机油液面低导致的。

技师B说：与气门机构有关的噪声可能是由需要调整的气门导致的。

请问：谁是正确的？

A. 仅A正确

B. 仅B正确

C. A和B都正确

D. A和B都不正确

44. 一位技师正为客户汽车更换机油，需要知道应加注的机油量。

技师A说：机油量并不重要，只要是多级通用机油即可。

技师B说：该技师应查看机油加注口盖上或用户手册的说明。

请问：谁是正确的？

A. 仅A正确

B. 仅B正确

C. A和B都正确

D. A和B都不正确

45. 技师A说：当从顶置凸轮轴发动机上拆卸气缸盖时，可能不得不先拆下凸轮轴。

技师B说：在拆卸气缸盖前，其必须是冷态。

请问：谁是正确的？

A. 仅A正确

B. 仅 B 正确
C. A 和 B 都正确
D. A 和 B 都不正确

46. 客户抱怨其车在行驶 32km 后，机油压力低，但开始运转时是正常的。熄火后，检查机油尺，显示低于添加线标记。等待一会后，机油尺显示油面是足够的。

请问：下述选项中哪一个最有可能是原因？

A. 凸轮轴轴承磨损
B. 后主油封泄漏
C. 气缸盖中的回油孔阻塞
D. 机油泵磨损

47. 技师 A 说：在重新组装发动机时，应检查所有连杆轴承的间隙。

技师 B 说：连杆轴承片应比连杆和连杆轴承盖的孔稍大，这被称为轴承压紧量。

请问：谁是正确的？

A. 仅 A 正确
B. 仅 B 正确
C. A 和 B 都正确
D. A 和 B 都不正确

48. 在一台 4 缸发动机上进行起动压缩压力测试，技师注意到一个气缸压缩压力的读值是 60psi（44kPa），而其他气缸压缩压力的读值是 135psi（931kPa）。

技师 A 说：进行气缸泄漏量测试会显示压力在何处泄漏。

技师 B 说：该车的气门导管已经磨损。

请问：谁是正确的？

A. 仅 A 正确
B. 仅 B 正确
C. A 和 B 都正确
D. A 和 B 都不正确

49. 即使实际的发动机温度正常，但下述选项中哪一个仍会显现过热征兆？

A. 节温器被卡滞在关闭位置
B. 散热器盖不良
C. 温度传感部件不良
D. 节温器缺失

50. 客户抱怨在起步加速时有明显的撞击声。

技师 A 说：这可能是因为曲轴推力轴承磨损过度导致的。

技师 B 说：这可能是开裂的挠性板引起的。

请问：谁是正确的？

A. 仅 A 正确
B. 仅 B 正确
C. A 和 B 都正确
D. A 和 B 都不正确

Chapter 6

第六章 标准答案和解释

说明

本章内容包括每次模拟考试的标准答案和对每道题答案的详细解释以及每个问题对应的考查范围。如果你需要返回本书第四章的任务列表寻求帮助，这个附加的参考信息会显示出它的作用。

模拟考试 1—标准答案

1. C	11. C	21. B	31. C	41. D
2. A	12. D	22. A	32. C	42. C
3. C	13. A	23. A	33. B	43. D
4. B	14. B	24. B	34. D	44. D
5. B	15. A	25. D	35. B	45. C
6. C	16. B	26. D	36. A	46. C
7. D	17. A	27. C	37. B	47. B
8. A	18. C	28. D	38. C	48. D
9. C	19. A	29. A	39. A	49. B
10. A	20. D	30. C	40. D	50. A

模拟考试 1—答案解释

A.1

1. 回答 A 是错误的，技师 B 也是正确的。

回答 B 是错误的，技师 A 也是正确的。

回答 C 是正确的。两个技师都是正确的。进行路试可使你确认客户的抱怨，查找维修技术公告可节省诊断的时间。

回答 D 是错误的。因为两个技师都是正确的。

C.7

2. 回答 A 是正确的。仅技师 A 是正确的。主轴承间隙可将塑性间隙规横放在已安装轴承的轴颈上并拧紧轴承盖进行检查。然后取下轴承盖，使用塑性规刻度尺确认该间隙。

回答 B 是错误的。塞尺不是检查主轴承间隙的工具。对轴颈来说，它不能给出准确的读值。

E.1

回答 C 是错误的。仅技师 A 是正确的。

回答 D 是错误的。技师 A 是正确的。

3. 回答 A 是错误的。技师 B 也是正确的。

回答 B 是错误的。技师 A 也是正确的。

回答 C 是正确的。两个技师都是正确的。燃油管和喷油器密封件必须更换以确保没有燃油泄漏。

回答 D 是错误的。因两个技师都是正确的。

D.2

4. 回答 A 是错误的。安装不正确会导致机油严重泄漏。

回答 B 是正确的。只有技师 B 正确。若机油泵中的压力安全释放阀粘死，机油压力将高于许用值，滤清器会崩开或炸损。

回答 C 是错误的。仅技师 B 正确。

回答 D 是错误的。技师 B 是正确的。

B.2

5. 回答 A 是错误的。气缸盖可被校正和表面修整。

回答 B 是正确的。仅技师 B 正确。一个变形的气缸盖可被校正和表面修整。

回答 C 是错误的。仅技师 B 正确。

回答 D 是错误的。技师 B 是正确的。

E.3

6. 回答 A 是错误的。因技师 B 也是正确的。

回答 B 是错误的，因技师 A 也是正确的。

回答 C 是正确的。两个技师都正确。增压程度是由排气泄压阀控制的，其打开或关闭则取决于发动机的真空。

回答 D 是错误的。两个技师都正确。

D.1

7. 回答 A 是错误的。凸轮轴轴承磨损将导致更多的机油流失最终使机油压力低。

回答 B 是错误的。吸油滤网部分堵塞会阻碍通过机油泵的机油流动导致压力低。

回答 C 是错误的。曲轴轴承磨损会使机油流失导致油压偏低。

回答 D 是正确的。推杆中的油道堵塞仅阻碍到达气门摇臂的机油，不会导致机油压力低。

B.2

8. 回答 A 是正确的。技师正使用直尺和塞尺检查是否变形。

回答 B 是错误的。活塞的凸起使用深度尺测量。

回答 C 是错误的。表面平整度使用轮廓曲线仪进行检查。

回答 D 是错误的。气缸盖螺栓需要气缸盖与缸体对正。

B.13

9. 回答 A 是错误的。蛇形传动带松会引起尖叫声，但不会影响性能。

回答 B 是错误的。火花塞高压线插错将导致在所有时间内的失火和性能不良。

回答 C 是正确的。在更换正时传动带时，若凸轮轴与曲轴的正时定位不正确，发动机在较高转速时，其性能会受影响。

回答 D 是错误的。三元催化转换器阻塞将导致任何转速下的性能问题。

E.2

10. 回答 A 是正确的。仅技师 A 是正确的。若发动机进气管总成连接不良将使未计量的空气进入发动机，可能会导致汽车顿挫和性能不良。

回答 B 是错误的。MAP 传感器仅是告诉 ECM 流入进气系统空气流量的一种方式。许多制造商在进气系统中使用空气流量传感器。

回答 C 是错误的。因仅技师 A 是正确的。

回答 D 是错误的。技师 A 是正确的。

A.5

11. 回答 A 是错误的。技师 B 也是正确的。

回答 B 是错误的。技师 A 也是正确的。

回答 C 是正确的。两个技师都正确。冷起动时可快速消散的蓝烟是气门杆密封件允许机油在暖机熄火后顺气门杆流入燃烧室的一种迹象。

回答 D 是错误的。两个技师都正确。

B.11

12. 回答 A 是错误的。挺杆磨损代表凸轮轴凸轮也磨损。若只更换挺杆，不更换凸轮轴，其将会在很短时间内损坏。

回答 B 是错误的。滚轮挺杆不能被用于采用平面挺杆的凸轮轴。与平面挺杆接触的凸轮稍有倾斜以使挺杆转动；采用滚轮挺杆的凸轮轴的凸轮横跨面是平的。

回答 C 是错误的。两个技师都不正确。

回答 D 是正确的。没有一个技师是正确的。凸轮轴和平面挺杆配套相互磨合并保持正常使用状态。若其中一个被更换，建议同时更换相配合的两个部件。滚轮挺杆只能接触到平面凸轮的很小面积。它们不适用于采用平面挺杆的凸轮轴凸轮轮廓形状。

E.5

13. 回答 A 是正确的。仅技师 A 正确。阻塞的 PCV 阀将导致曲轴箱压力增大，有可能使机油聚积在空气滤清器上。

回答 B 是错误的。阻塞的 PCV 胶管不会导致顿挫。断裂的胶管会导致顿挫，这是由于未计量的空气进入进气歧管。

回答 C 是错误的。仅技师正确。

回答 D 是错误的。技师 A 是正确的。

C.1

14. 回答 A 是错误的。不允许将制冷剂排放到大气中。

回答 B 是正确的。仅技师 B 是正确的。所有制冷剂必须回收到制冷剂回收加注机中。

回答 C 是错误的。仅技师 B 是正确。

回答 D 是错误的。技师 B 是正确的。

B.2

15. 回答 A 是正确的。仅技师 A 正确。气缸内的爆燃会导致第一道气环弯曲过大而断裂。

回答 B 是错误的。机油错误不会影响第一道气环，但会影响轴承磨损。

回答 C 是错误的。仅技师 A 正确。

回答 D 是错误的。技师 A 正确。

A.2

16. 回答 A 是错误的。蓄电池能量不足将导致转动转速低。

回答B是正确的。仅技师B正确。正时传动带断裂将导致发动机转动非常快。

回答 C 是错误的。仅技师 B 正确。

回答 D 是错误的。技师 B 是正确的。

E.4

17. 回答 A 是正确的。仅技师 A 正确。蓄电池极桩腐蚀将导致高阻抗和起动转速低。

回答 B 是错误的。起动机电路中的高阻抗会导致起动转速低，但也导致起动电流低。

回答 C 是错误的。仅技师 A 正确

回答 D 是错误的。技师 A 是正确的。

18. 回答 A 是错误的。技师 B 也是正确的。

B.17

回答 B 是错误的。技师 A 也是正确的。

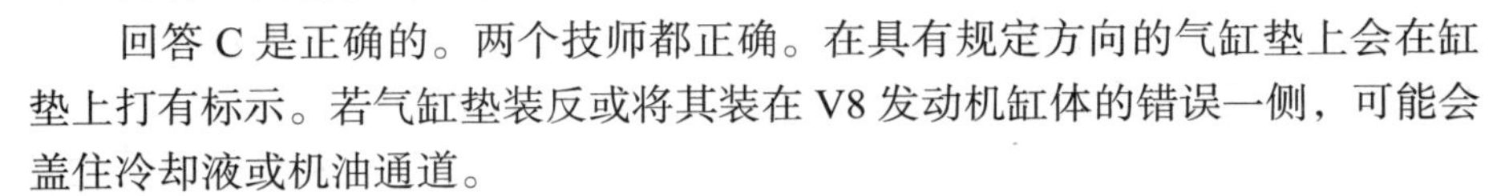

回答 C 是正确的。两个技师都正确。在具有规定方向的气缸垫上会在缸垫上打有标示。若气缸垫装反或将其装在 V8 发动机缸体的错误一侧，可能会盖住冷却液或机油通道。

回答 D 是错误的。两个技师都正确。

19. 回答 A 是正确的。仅技师 A 正确。RTV 是制作衬垫的一种材料，适用于密封机油壳放置衬垫的地方。

C.16

回答 B 是错误的。气缸垫没有密封剂。RTV 会导致气缸垫失效。

回答 C 是错误的。仅技师 A 正确。

回答 D 是错误的。技师 A 是正确的。

20. 回答 A 是错误的。三元催化转换器不能将 HC、CO 和 NO_X 转换为 O_3、H_2O 和 NO。

E.7

回答 B 是错误的。三元催化转换器不能将 HC、CO 和 NO_X 转换为 H_2O、CO_2 和 NO。

回答 C 是错误的。三元催化转换器不能将 HC、CO 和 NO_X 转换为 H_2O、NO 和 N_2。

回答 D 是正确的。功能良好的三元催化转换器将 HC 转换为 H_2O, 将 CO 转为 CO_2、将 NO_X 转换为 N_2。

21. 回答 A 是错误的。轮胎平衡不好引起的振动在汽车行驶中应能感觉到，而不是在起步加速过程中。

A.4

回答 B 是正确的。发动机悬置碎裂或不良将使发动机在加速时产生位移，从而引起撞击和振动。

回答 C 是错误的。火花塞失火会导致振动，但不会在加速时造成撞击。

回答 D 是错误的。制动盘变形将导致制动时抖动，而不是起步时。

22. 回答 A 是正确的。图中所示是压缩压力表。

A.8

回答 B 是错误的。气缸做功一致性测试通常使用发动机分析仪。

回答 C 是错误的。气缸泄漏量测试仪是不同的仪器。

回答 D 是错误的。真空测试使用真空表。

23. 回答 A 是正确的。仅技师 A 是正确的。用合适的钻头在断螺栓上钻孔，然后使用螺栓拔取器拆下该断螺栓是最佳选择。

C.3

回答 B 是错误的。为安装更大直径的缸盖螺栓，需要钻更大的缸盖孔，这将导致缸盖该区域上出现不同的夹紧力。

回答 C 是错误的。仅技师 A 正确。

回答 D 是错误的。技师 A 是正确的。

B.5

24. 回答 A 是错误的。在气门弹簧上添加垫片可能导致弹簧圈距变小，在提高气门开启压力同时，也增加了关闭压力。

回答 B 是正确的。仅技师 B 正确。若弹簧不能满足规定值，推荐更换该弹簧。

回答 C 是错误的。仅技师 B 正确。

回答 D 是错误的。技师 B 是正确的。

E.7

25. 回答 A 是错误的。出厂安装三元催化转换器的汽车不能拆除三元催化转换器，只能用新的进行替换，否则将受到法律的惩罚。

回答 B 是错误的。在装有三元催化转换器的汽车上，发动机管理系统调整排气流量。尽管排气流动阻力很小，在设计排气系统时也已被计算在内。

回答 C 是错误的。两个技师都不正确。

回答 D 是正确的。两个技师都不正确。三元催化转换器是汽车排放控制系统的一部分。在汽车使用寿命内的任何时间拆下，且不用新的进行替换都是不符合法律要求的。发动机被调整以使三元催化转换器阻力最小。更改排气系统可能导致发动机性能不良。

D.7

26. 回答 A 是错误的。传动带上的微小裂纹是正常的，除非在约 25mm 内有三处以上裂纹。

回答 B 是错误的。蛇形传动带没有 V 形皮带那样的磨合时间，不需要重新调紧。

回答 C 是错误的。两个技师都不正确。

回答 D 是正确的。两个技师都不正确。蛇形传动带在约 25mm 内有三处以上裂纹则必须更换。V 形传动带在磨合后会稍有拉长，所以需要重新调紧固定。而蛇形传动带没有拉长，不需要重新调紧。

A.3

27. 回答 A 是错误的。频闪灯不会使荧光发亮。

回答 B 是错误的。红外线灯不会使荧光发亮。

回答 C 是正确的。紫外线灯会使荧光发亮。

回答 D 是错误的。蓝光源灯不会使荧光发亮。

B.7

28. 回答 A 是错误的。气门导管磨损会导致气门座不良，从而引起燃烧气体通过气门泄漏。

回答 B 是错误的。气门导管磨损会导致机油消耗，当气门端部在导管中，过多的机油经过气门油封向下流到气门杆上。

回答 C 是错误的。磨损的气门导管将使气门与座接触不平导致气门座磨损，气门与座接触不稳定。

回答 D 是正确的。磨损的气门导管不会导致窜气，活塞环磨损会导致此问题。

C.9

29. 回答 A 是正确的。仅技师 A 正确。若平衡轴正时不正确，将会放大发动机的振动。

回答 B 是错误的。平衡器的正时一般都与曲轴相关。

回答 C 是错误的。仅技师 A 正确。

回答 D 是错误的。技师 A 是正确的。

30. 回答 A 是错误的。气门顶部可进行切削以修正气门杆的安装高度。

B.9

回答 B 是错误的。当气门座被修复后，导致气门进入气门座更深增加了气门杆安装高度。若气门座被切削太多，则需要更换气门座以修正气门杆的安装高度。

回答 C 是正确的。气门弹簧可能需要加垫片，但前面不能加垫片。

回答 D 是错误的。更换气门可用来修正气门杆安装高度。

31. 回答 A 是错误的。三元催化转换器堵塞可能引起失速。排气流动被阻塞可能导致在气门重叠时排气进入进气歧管，引起失速。

E.7

回答 B 是错误的。三元催化转换器部分堵塞使排气不能有效从气缸内排出，导致功率不足。

回答 C 是正确的。堵塞的三元催化转换器将导致功率降低，或完全不做功，因气缸不能清除已燃烧的气体。

回答 D 是错误的。三元催化转换器堵塞会导致发动机过热。排气会带走燃烧过程产生热量的 30%，而三元催化转换器堵塞阻碍热量的转移。

32. 回答 A 是错误的。技师 B 也是正确的。

回答 B 是错误的。技师 A 也是正确的。

D.4

回答 C 是正确的。两个技师都正确。机油滤清器中的防回油阀在发动机熄火后阻止机油流回油底壳。旁通阀在特定状态下允许大量机油不经过过滤材料直接进入机油道。

回答 D 是错误的。两个技师都是正确的。

33. 回答 A 是错误的。连杆噪声在暖机过程中不会消失，而且当机油升温后，敲击更厉害。

A.4

回答 B 是正确的。仅技师 B 正确。在冷起动时，来自发动机的敲击或拍击声随暖机后活塞的膨胀而消失是活塞拍击声的特征。

回答 C 是错误的。仅技师 B 正确。

回答 D 是错误的。技师 B 是正确的。

34. 回答 A 是错误的。点火正时晚将会导致低且稳定的读值。

A.6

回答 B 是错误的。节气门体处进气歧管泄漏将会导致非常低且稳定的读值。

回答 C 是错误的。排气系统阻塞将会导致真空随发动机转速增加而慢慢降低并保持稳定。

回答 D 是正确的。若气门在其导管中粘结，可能无法完全关闭而导致压缩压力丢失，使真空表表针有节奏地波动。

35. 回答 A 是错误的。所有活塞环都应测量以使其端隙正确。

C.12

回答 B 是正确的。仅技师 B 正确。所有活塞环应在其要装入的气缸筒中进行测量并对活塞环和气缸筒之间的差异进行调整以确保端隙正确。

回答 C 是错误的。仅技师 B 正确。

回答 D 是错误的。技师 B 是正确的。

D.2

36. 回答 A 是正确的。仅技师 A 正确。正在检查主动齿轮和被动齿轮之间的间隙。

回答 B 是错误的。正在检查主动齿轮和被动齿轮之间的间隙。

回答 C 是错误的。仅技师 A 正确。

回答 D 是错误的。技师 A 是正确的。

B.8

37. 回答 A 是错误的。必须先修整气门导管。

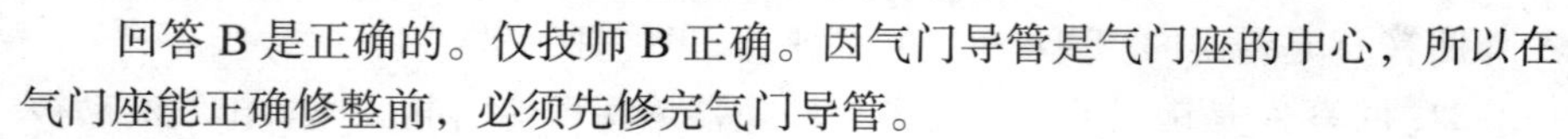

回答 B 是正确的。仅技师 B 正确。因气门导管是气门座的中心，所以在气门座能正确修整前，必须先修完气门导管。

回答 C 是错误的。仅技师 B 正确。

回答 D 是错误的。技师 B 是正确的。

C.13

38. 回答 A 是错误的。技师 B 也正确。

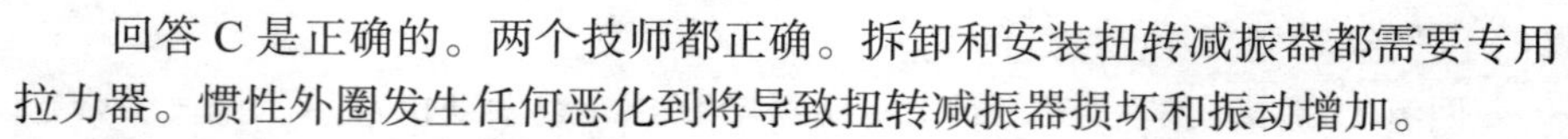

回答 B 是错误的。技师 A 也正确。

回答 C 是正确的。两个技师都正确。拆卸和安装扭转减振器都需要专用拉力器。惯性外圈发生任何恶化到将导致扭转减振器损坏和振动增加。

回答 D 是错误的。两个技师都正确。

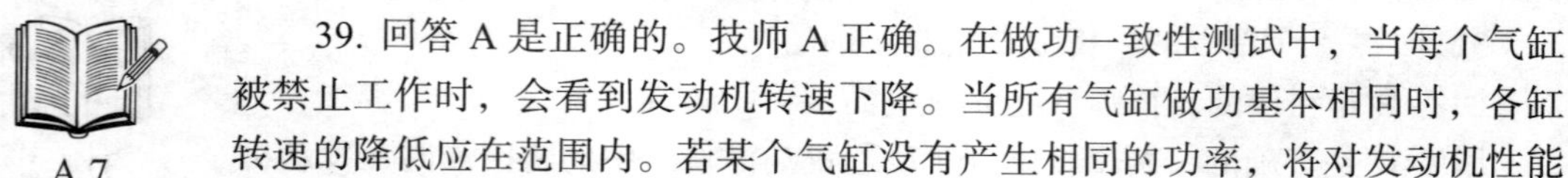

A.7

39. 回答 A 是正确的。技师 A 正确。在做功一致性测试中，当每个气缸被禁止工作时，会看到发动机转速下降。当所有气缸做功基本相同时，各缸转速的降低应在范围内。若某个气缸没有产生相同的功率，将对发动机性能没有贡献，所以其转速下降会很少，甚至没有。

回答 B 是错误的。在做功一致性测试中，只会有转速下降，不会有提升。

回答 C 是错误的。仅技师 A 正确。

回答 D 是错误的。技师 A 是正确的。

D.6

40. 回答 A 是错误的。冷却液压力测试仪用于发现冷却液的泄漏。

回答 B 是错误的。冷却液压力测试仪可被用于发现散热器盖压力安全阀的缺陷。

回答 C 是错误的。冷却液压力测试仪可被用于发现散热器水箱的泄漏。

回答 D 是正确的。冷却液压力测试仪不能测试密度，折射仪用于此测试。

C.10

41. 回答 A 是错误的。测量活塞直径的正确位置是在其裙部。

回答 B 是错误的。测量活塞直径的正确位置是在其裙部。

回答 C 是错误的。两个技师都不正确。

回答 D 是正确的。两个技师都不正确。测量活塞直径是在与活塞销成 90° 并接近活塞体或裙部底部处测量。

C.12

42. 回答 A 是错误的。技师 B 也正确。

回答 B 是错误的。技师 A 也正确。

回答 C 是正确的。两个技师都正确。C 是机油控制环组件中的膨胀环，A 是第一道压缩气环，在其上可能会有朝上侧的识别标识。

回答 D 是错误的。两个技师都正确。

D.12

43. 回答 A 是错误的。电路中的开路将导致风扇不运转。

回答 B 是错误的。当空调开关接通时，冷凝器开关将使风扇控制电路接地。

回答C是错误的。接地回路开路不会烧毁冷却风扇电动机。

回答D是正确的。若冷却风扇不能在规定温度接通，发动机可能会过热。

A.9

44. 回答A是错误的。节气门泄漏将会使空气在节气门阀板前漏出。

回答B是错误的。磨损的活塞环将使空气进入油底壳，在机油尺管口听到漏出的空气声。

回答C是错误的。尽管有裂纹的气缸盖能引起漏入冷却系统，但它不是最可能的原因。

回答D是正确的。气缸与水道间气缸垫损坏将会使空气进入冷却系统，空气在散热器中向上形成气泡。

A.4

45. 回答A是错误的。技师B也是正确的。

回答B是错误的。技师A也是正确的。

回答C是正确的。两个技师都正确。伸长的链条将引起发动机前部吱吱的噪声。正时链条导板磨损也可能会引起链条产生“吱吱”声。

回答D是错误的。两个技师都正确。

A.9

46. 回答A是错误的。技师B是正确的。

回答B是错误的。技师A是正确的。

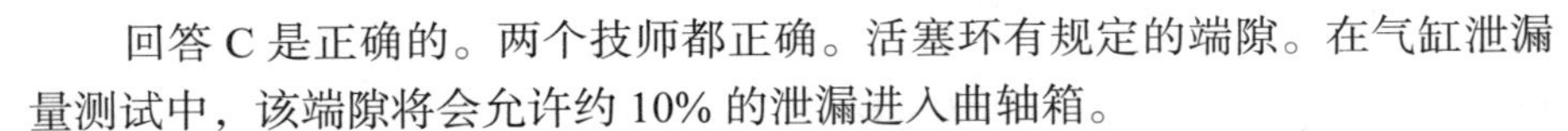
回答C是正确的。两个技师都正确。活塞环有规定的端隙。在气缸泄漏量测试中，该端隙将会允许约10%的泄漏进入曲轴箱。

回答D是错误的。两个技师都正确。

C.4

47. 回答A是错误的。具有0.5mm缸肩的气缸必须镗孔到加大尺寸。

回答B是正确的。技师B是正确的。在没去除缸肩前，拆卸活塞可能会导致活塞环或活塞岸破损。

回答C是错误的。仅技师B正确。

回答D是错误的。技师B是正确的。

A.4

48. 回答A是错误的。挺杆磨损引起的噪声是在发动机顶部轻的拍击声。

回答B是错误的。挠性板破裂引起的噪声在发动机转速提升和变速器压力平稳后通常会消失。

回答C是错误的。水泵轴承磨损将是隆隆声或刺耳的摩擦声，不会是敲击声。

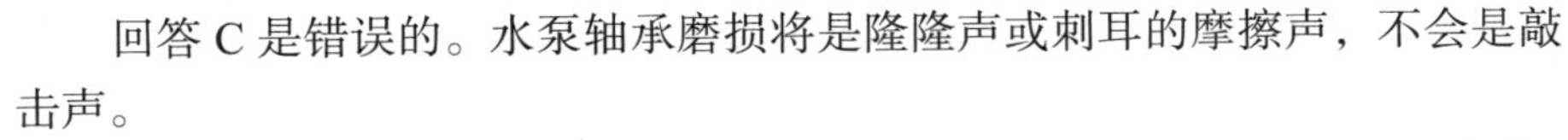
回答D是正确的。连杆轴承间隙过大会导致发动机下部的深沉敲击声，并随发动机转速升高而增加。

D.6

49. 回答A是错误的。压力阀不良可能导致在发动机熄火后冷却液沸腾。

回答B是正确的。仅技师B正确。真空阀失效而不能打开会导致上水管被吸瘪。因当冷却液冷却下来，体积缩小时，在冷却系统会形成真空。

回答C是错误的。仅技师B正确。

回答D是错误的。技师B是正确的。

A.2

50. 回答A是正确的。仅技师A正确。气缸中的液顶不允许发动机快速转动。

回答B是错误的。燃油泵不会导致发动机不能转动，它将导致发动机不能起动。

回答 C 是错误的。仅技师 A 正确。

回答 D 是错误的。技师 A 是正确的。

模拟考试 2—标准答案

1. C	11. B	21. C	31. C	41. C
2. A	12. C	22. C	32. D	42. D
3. C	13. C	23. A	33. C	43. B
4. A	14. C	24. C	34. C	44. C
5. A	15. A	25. A	35. D	45. B
6. B	16. B	26. C	36. A	46. C
7. B	17. B	27. C	37. B	47. D
8. D	18. B	28. C	38. D	48. C
9. D	19. C	29. B	39. A	49. B
10. C	20. C	30. C	40. C	50. C

模拟考试 2—答案解释

A.5

1. 回答 A 是错误的。技师 B 也正确。

回答 B 是错误的。技师 A 也正确。

回答 C 是正确的。两个技师都正确。冷起动最初时快速消散的蓝烟是一个迹象，即气门杆油封允许机油流到气门杆并进入燃烧室，但暖机后蓝烟停止。

回答 D 是错误的。两个技师都正确。

A.8

2. 回答 A 是正确的。仅技师 A 正确。针对一个气缸压缩压力低的故障，缩小原因范围的下一步应是进行气缸泄漏量测试。

回答 B 是错误的。气门杆油封泄漏不会导致压缩压力丢失。

回答 C 是错误的。仅技师 A 正确。

回答 D 是错误的。技师 A 正确。

A.5

3. 回答 A 是错误的。技师 B 也正确。

回答 B 是错误的。技师 A 也正确。

回答 C 是正确的。两个技师都正确。衬垫可能不良并需要更换。PCV 阀将引起曲轴箱压力过高导致油封和衬垫泄漏。

回答 D 是错误的。两个技师都正确。

D.1

4. 回答 A 是正确的。仅技师 A 正确。主轴承磨损将导致机油压力在所有转速都低。

回答 B 是错误的。活塞环磨损坏导致压缩压力丢失，但不会影响机油压力。

回答 C 是错误的。仅技师 A 正确。

回答 D 是错误的。技师 A 是正确的。

5. 回答 A 是正确的。仅技师 A 正确。蓄电池不足将导致曲轴转动慢。

A.2

回答 B 是错误的。正时传动带断裂将导致发动机能快速转动。

回答 C 是错误的。仅技师 A 是正确的。

回答 D 是错误的。技师 A 正确。

6. 回答 A 是错误的。RTV 与汽油接触将被恶化。

C.16

回答 B 是正确的。仅技师 B 正确。RTV 适合替换水泵衬垫。

回答 C 是错误的。仅技师 B 正确。

回答 D 是错误的。技师 B 是正确的。

7. 回答 A 是错误的。轮胎不平衡造成的振动在加速时车速大于 56km/h 才会感到。

A.4

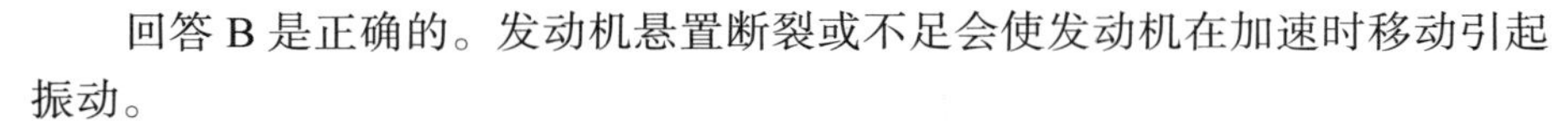

回答 B 是正确的。发动机悬置断裂或不足会使发动机在加速时移动引起振动。

回答 C 是错误的。冷却风扇弯曲或断裂会导致持续的振动。

回答 D 是错误的。制动盘变形将导致在制动停车时振动而不是在起步时。

8. 回答 A 是错误的。因为软管连接至发动机，需要排空发动机冷却液。

C.1

回答 B 是错误的。因为油底壳和滤清器在拆下发动机后必须拆卸，所以必须排出机油。

回答 C 是错误的。因燃油管路连接至发动机，它们必须在拆卸发动机前被断开。

回答 D 是正确的。上述所有选项都对——从发动机中排出所有油液和断开燃油管路。

9. 回答 A 是错误的。应检查冷却系统。

A.9

回答 B 是错误的。应检查进气系统。

回答 C 是错误的。应检查排气系统。

回答 D 是正确的。变速器不能显示来自发动机气缸的泄漏。

10. 回答 A 是错误的。技师 B 也正确。

E.5

回答 B 是错误的。技师 A 也正确。

回答 C 是正确的。两个技师都正确。活塞环磨损能导致窜气过多引起曲轴箱建立压力，使机油窜入空气滤清器。PCV 系统的问题也会引起同样情形。

回答 D 是错误的。两个技师都正确。

11. 回答 A 是错误的。压缩压力表用于检查气缸压缩压力。

A.7

回答 B 是正确的。仅技师 B 正确。在进行做功一致性测试中，当每个气缸被禁止工作时，会看到发动机转速下降。当所有气缸做功基本相同时，各缸转速的降低应在 10% 范围内。若某个气缸没有产生相同的功率，将对发动机性能没有贡献，所以其转速下降会很小，甚至没有。

回答 C 是错误的。仅技师 B 正确。

回答 D 是错误的。技师 B 是正确的。

12. 回答 A 是错误的。技师 B 也正确。

A.4

回答 B 是错误的。技师 A 也正确。

回答 C 是正确的。两个技师都正确。当某气缸火花塞高压线接地后，由于没有燃烧压力，连杆的敲击将变小。活塞销松旷将在活塞到达上止点或下止点换向时导致出现双倍的敲击声。

回答 D 是错误的。两个技师都正确。

E.7

13. 回答 A 是错误的。进气歧管泄漏将导致怠速时真空度低。

回答 B 是错误的。火花塞失火将导致怠速不稳且真空波动。

回答 C 是正确的。排气系统堵塞将导致背压过高，排气不能从气缸内有效排出并稀释进入的混合气，造成做功减小。

回答 D 是错误的。活塞环弹力弱将导致怠速时的真空读值低。

D.5

14. 回答 A 是错误的。技师 B 也正确。

回答 B 是错误的。技师 A 也正确。

技师 C 是正确的。两个技师都正确。加入冷却系统的专用染色剂会随冷却液循环，在紫外线照射下，泄漏点会很明显。冷却液压力测试仪用于发现冷却液的泄漏，它可保持冷却系统中的压力以便技师查找泄漏。

技师 D 是错误的。两个技师都正确。

C.7

15. 回答 A 是正确的。仅技师 A 是正确的。主轴承间隙可将塑性间隙规横放在已安装轴承的轴颈上并拧紧轴承盖进行检查。然后取下轴承盖，使用塑性规刻度尺确认该间隙。

回答 B 是错误的。塞尺不是检查主轴承间隙的工具。对轴颈来说，它不能给出准确的读值。

回答 C 是错误的。仅技师 A 是正确的。

回答 D 是错误的。技师 A 是正确的。

E.6

16. 回答 A 是错误的。火花塞始终应仔细检查以确认其间隙正确。尽管铂金火花塞的间隙已在工厂预调好，但火花塞可能会跌落导致间隙变小。

回答 B 是正确的。仅技师 B 正确。由于存在许多厂家的火花塞，所以更换的火花塞的火花塞的热值范围和成分必须与原始装配相同，以保证良好的火花，延长无故障的时间。

回答 C 是错误的。仅技师 B 是正确的。

回答 D 是错误的。技师 B 是正确的。

A.3

17. 回答 A 是错误的。红外线灯不会使染色剂发亮。

回答 B 是正确的。仅技师 B 正确。紫外线灯会使染色剂发亮。

回答 C 是错误的。仅技师 B 是正确的。

回答 D 是错误的。技师 B 是正确的。

C.15

18. 回答 A 是错误的。RTV 是一种衬垫材料。橡胶的气门室盖衬垫和使用的 RTV 意味着使用了两种衬垫。由于 RTV 在固化前可滑移，所以也会使橡胶衬垫滑出其位置。

回答 B 是正确的。仅技师 B 正确。RTV 是用自身成为一个衬垫。

回答 C 是错误的。仅技师 B 是正确的。

回答 D 是错误的。技师 B 是正确的。

19. 回答 A 是错误的。技师 B 也是正确的。

技师 B 是错误的。技师 A 也是正确的。

回答 C 是正确的。两个技师都正确。若损伤不是很严重，可用正确的丝锥重新攻螺纹。若没有足够材料余量进行攻螺纹，可使用 HeliCoil 螺纹套。

B.3

回答 D 是错误的。两个技师都正确。

20. 回答 A 是错误的。技师 B 也正确。

回答 B 是错误的。技师 A 也正确。

回答 C 是正确的。两个技师都正确。RTV 是一种衬垫材料，所以 RTV 或新衬垫都可使用。

C.15

回答 D 是错误的。两个技师都正确。

21. 回答 A 是错误的。技师 B 也正确。

回答 B 是错误的。技师 A 也正确。

回答 C 是正确的。平衡轴转动方向与曲轴相反。平衡轴的正时始终与曲轴相关。

C.9

回答 D 是错误的。两个技师都正确。

22. 回答 A 是错误的。蛇形传动带松动会导致尖叫声，但不会影响发动机性能。

回答 B 是错误的。火花塞高压线插错将导致在所有时间的失火和性能不良。

B.13

回答 C 是正确的。若在正时传动带更换时，凸轮轴和曲轴正时定位不正确，在发动机转速较高时，性能会受到影响。

回答 D 是错误的。三元催化转换器阻塞会导致任何转速下的性能问题。

23. 回答 A 是正确的。仅技师 A 正确。若发动机附件传动带过紧，将向上拉动曲轴前部，导致第一道主轴颈的上轴承片和最后一道主轴颈的下轴承片磨损。

C.5

回答 B 是错误的。机油不足迹象在所有主轴承的下轴承片明显的。

回答 C 是错误的。仅技师 A 正确。

回答 D 是错误的。技师 A 是正确的。

24. 回答 A 是错误的。技师 B 也是正确的。

回答 B 是错误的。技师 A 也是正确的。

回答 C 是正确的。两个技师都正确。燃油管密封件和喷油器密封件都必须更换以确保没有燃油泄漏。

E.1

回答 D 是错误的。两个技师都正确。

25. 回答 A 是正确的。电枢轴弯曲不会阻止起动电磁线圈不吸合，尽管它可能妨碍起动机转动。

回答 B 是错误的。离合器安全开关短路可能会使至起动机继电器的电源接地导致起动机电磁阀不吸合。

E.4

回答 C 是错误的。点火开关开路将不会提供电源至起动机电路。

回答 D 是错误的。空档安全开关开路将不允许电源流至起动机继电器。

C.11

26. 回答 A 是错误的。技师 B 也正确。

回答 B 是错误的。技师 A 也正确。

回答 C 是正确的。两个技师都正确。在拆解时，所有零件应保持其顺序以便检查和故障判断。若 V 形发动机上的连杆安装到拆下时的相反一侧，这会使活塞运动时受到拖拽，可能发生粘缸。

回答 D 是错误的。两个技师都正确。

A.6

27. 回答 A 是错误的。技师 B 也正确。

回答 B 是错误的。技师 A 也正确。

回答 C 是正确的。两个技师都正确。根据发动机的尺寸，真空的正常读值范围是从 16~21inHg。稳定且低的真空读值可能是因由于凸轮轴相对于曲轴的位置被推迟使气门开启晚导致。

回答 D 是错误的。两个技师都正确。

B.9

28. 回答 A 是错误的。技师 B 也正确。

回答 B 是错误的。技师 A 也正确。

回答 C 是正确的。两个技师都正确。安装高度过高可能使气门不能完全关闭，导致气门烧损。

C.4

29. 回答 A 是错误的。气缸壁应进行打磨以适合安装新的活塞环。

技师 B 是正确的。仅技师 B 正确。气缸壁应进行打磨和清洁有助于适合新的活塞环组。

回答 C 是错误的。仅技师 B 正确。

回答 D 是错误的。技师 B 正确。

A.1

30. 回答 A 是错误的。技师 B 也正确。

回答 B 是错误的。技师 A 也正确。

回答 C 是正确的。两个技师都正确。清楚地了解客户问题会节省确定问题的时间，同时路试对核实和了解客户抱怨常常是必要的。

回答 D 是错误的。两个技师都正确。

B.8

31. 回答 A 是错误的。气门导管的磨损应使用小孔测量设备和带表的卡尺。

回答 B 是错误的。气门杆安装高度的检查是将气门安装在气门座上，测量气缸盖或弹簧座表面与气门杆头部之间的距离。

回答 C 是正确的。技师正在用气门导管的导向安装同心度测量仪来检查气门座的同心度。

回答 D 是错误的。气门座角度是使用正确角度的气门座铰刀来修整的。

D.6

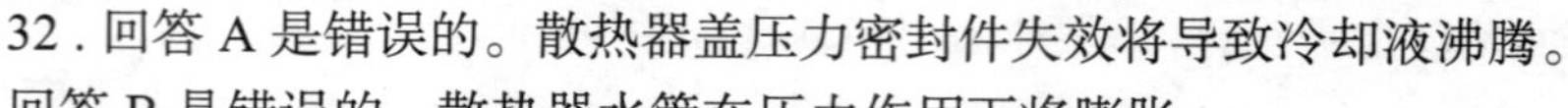

32 . 回答 A 是错误的。散热器盖压力密封件失效将导致冷却液沸腾。

回答 B 是错误的。散热器水管在压力作用下将膨胀。

回答 C 是错误的。节温器卡滞在打开位置将使发动机不能尽快达到工作温度。

C.6

回答 D 是正确的。散热器盖真空阀失效将导致发动机冷却后冷却系统内的真空增加，可能造成上水管被吸瘪。

33. 回答 A 是错误的。技师 B 也正确。

回答 B 是错误的。技师 A 也正确。

回答 C 是正确的。两个技师都正确。保持主轴承和连杆轴承的拆卸顺序有助于技师确定不正常磨损的模式。若磨损模式显示是主轴承孔不同轴的问题，应用直尺和塞尺进行检查。

回答 D 是错误的。两个技师都正确。

A.5

34. 回答 A 是错误的。混合气稀不会导致尾气伴有硫黄味。

回答 B 是错误的。冷却液漏进燃烧室将导致白色的尾气并伴有甜味。

回答 C 是正确的。浓的混合气将导致尾气中有强烈的硫黄味，这是因过多的燃油在三元催化转换器中燃烧造成的。

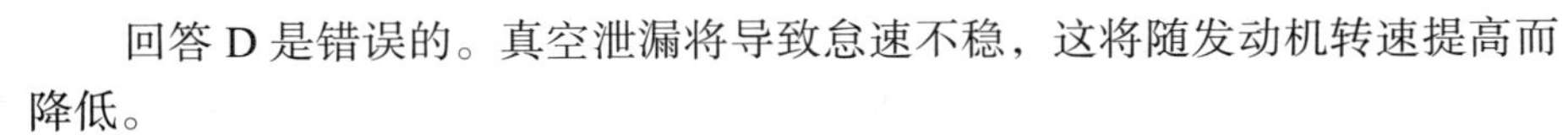
回答 D 是错误的。真空泄漏将导致怠速不稳，这将随发动机转速提高而降低。

B.1

35. 回答 A 是错误的。气缸盖螺栓应按照拧紧顺序的相反顺序拆卸。

回答 B 是错误的。在气缸盖还热时拆卸将导致气缸盖下平面变形。

回答 C 是错误的。两个技师都不正确。

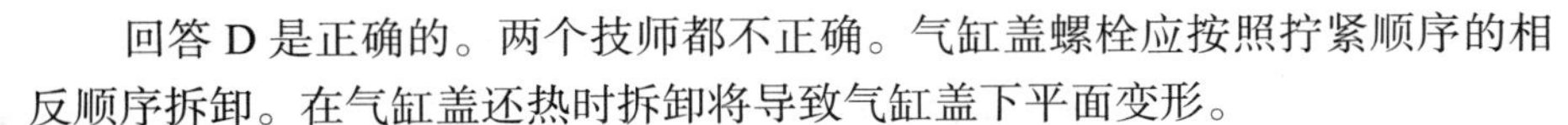
回答 D 是正确的。两个技师都不正确。气缸盖螺栓应按照拧紧顺序的相反顺序拆卸。在气缸盖还热时拆卸将导致气缸盖下平面变形。

D.7

36. 回答 A 是正确的。技师 A 正确。蛇形传动带的安装路径会很复杂，这是因为其路径的布置应保证所有附件在所有负荷下保持足够的张紧力。

回答 B 是错误的。绝大多数制造商会在发动机舱盖下标识传动带安装图。在用户手册中没有此图。

回答 C 是错误的。仅技师 A 正确。

回答 D 是错误的。技师 A 是正确的。

A.8

37. 回答 A 是错误的。气缸垫窜气不会明显影响所有气缸。

回答 B 是正确的。若怀疑活塞环和缸筒磨损，可对所有气缸进行湿式压缩压力测试。若压缩压力提高，则表明活塞环磨损。

回答 C 是错误的。气缸盖的裂纹不会影响所有气缸。

回答 D 是错误的。活塞上的积炭会导致压缩压力提高。

B.15

38. 回答 A 是错误的。该工具用于凸轮轴轴承的拆卸和安装。

回答 B 是错误的。该工具也用于凸轮轴轴承的安装。

回答 C 是错误的。该工具用于凸轮轴轴承的拆卸和安装。

回答 D 是正确的。该工具既用于凸轮轴轴承的拆卸，也用于安装。

A.5

39. 回答 A 是正确的。仅技师 A 正确。不定期更换机油将导致发动机内部零件沉积胶质造成机油控制的油环卡死在环槽中，是机油存留在气缸壁上，在燃烧过程中被燃烧。

回答 B 是错误的。气门烧损将导致发动机性能不良，但不会影响机油消耗过量。

回答 C 是错误的。仅技师 A 正确。

回答 D 是错误的。技师 A 是正确的。

D.2

40. 回答 A 是错误的。机油泵主、被动齿轮之间的间隙通常将量具杆放在机油泵两齿轮间进行检查。

回答 B 是错误的。检查机油泵壳体的状态应在直尺和壳体平面之间进行，而不是齿轮总成。

回答 C 是正确的。技师正检查机油泵齿轮与泵体之间的间隙。

回答 D 是错误的。机油泵压力安全阀被安装在泵体的外侧并用弹簧压力的测试来检查。

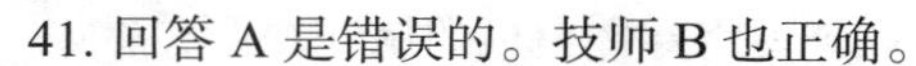

D.12

41. 回答 A 是错误的。技师 B 也正确。

回答 B 是错误的。技师 A 也正确。

回答 C 是正确的。两个技师都正确。新式的冷却风扇是通过 ECM 根据发动机温度或空调开关的选择进行控制的。

回答 D 是错误的。两个技师都正确。

B.2

42. 回答 A 是错误的。染色剂用于检查铝制气缸盖的裂纹。

回答 B 是错误的。压力测试用于检查铝制气缸盖的裂纹。

回答 C 是错误的。始终被进行的是目视检查。

回答 D 是正确的。铝制气缸盖没有磁引力，所以磁力探伤仪不会工作。

C.12

43. 回答 A 是错误的。外径千分尺用于测量外直径。

回答 B 是正确的。活塞环端隙用塞尺测量。

回答 C 是错误的。带表卡尺用于外侧、内侧或深度的测量。

回答 D 是错误的。百分比用于测量止推间隙。

D.9

44. 回答 A 是错误的。卡在打开位置的节温器会导致发动机很慢，甚至根本达不到正常工作温度，造成计算机长时间处于开环控制。

回答 B 是错误的。卡在打开位置的节温器会导致发动机暖机很慢，造成燃油经济性差。

回答 C 是正确的。卡在打开位置的节温器不会导致冷却液沸腾和缺失。

回答 D 是错误的。比正常暖机时间长是节温器卡在打开位置的结果。

A.4

45. 回答 A 是错误的。气门机构噪声来自发动机顶部，听起来是轻轻拍击或嗒嗒声。

回答 B 是正确的。仅技师 B 正确。气门机构噪声来自发动机顶部轻轻的拍击或“嗒嗒”声。

回答 C 是错误的。仅技师 B 正确。

回答 D 是错误的。技师 B 是正确的。

C.9

46. 回答 A 是错误的。技师 B 也正确。

回答 B 是错误的。技师 A 也正确。

回答 C 是正确的。两个技师都正确。发动机平衡轴安装在凸轮轴上方或发动机下部。

回答 D 是错误的。两个技师都正确。

D.10

47. 回答 A 是错误的。正确的乙二醇和水的混合液降低了冷却液的冰点。

回答 B 是错误的。正确的乙二醇和水的混合液提高了冷却液的沸点。

回答 C 是错误的。两个技师都不正确。

回答 D 是正确的。两个技师都不正确。正确的混合液降低了冰点和提高了沸点。

B.2

48. 回答 A 是错误的。技师 B 也正确。

回答 B 是错误的。技师 A 也正确。

回答 C 是正确的。两个技师都正确。气缸垫上扩大的冷却液通道孔在发动机高转速时可使冷却液更快地通过以至于不能吸取足够的热量而导致发动机过热。气缸垫上的孔实际上制造的较小以减缓冷却液的流动以便更好地传导热量，防止发动机过热。

回答 D 是错误的。两个技师都正确。

C.5

49. 回答 A 是错误的。B 是连杆轴颈。

回答 B 是正确的。C 是主轴承轴颈，不是曲轴止推面。

回答 C 是错误的。A 是供油孔。

回答 D 是错误的。C 是主轴承轴颈。

B.7

50. 回答 A 是错误的。技师 B 也正确。

回答 B 是错误的。技师 A 也正确。

回答 C 是正确的。两个技师都正确。TTY 螺栓可提供更一致的夹紧力，在初始拧紧力矩后，再转动规定的角度。

回答 D 是错误的。两个技师都正确。

模拟考试 3—标准答案

1. A	11. D	21. D	31. C	41. B
2. C	12. D	22. C	32. C	42. C
3. A	13. C	23. D	33. C	43. A
4. A	14. B	24. C	34. C	44. B
5. B	15. B	25. C	35. C	45. B
6. B	16. B	26. C	36. C	46. C
7. C	17. A	27. D	37. C	47. A
8. D	18. A	28. D	38. C	48. C
9. B	19. D	29. B	39. D	49. B
10. C	20. C	30. C	40. C	50. B

模拟考试 3—答案解释

D.5

1. 回答 A 是正确的。仅技师 A 正确。反向流动的冷却系统引导冷却液先通过气缸盖，这里是发动机最热的部分，然后通过气缸体，这使发动机暖机加快并使暖机过程产生更少的排放污染物。

回答 B 是错误的。反向流动的冷却系统引导冷却液先通过气缸盖，然后是气缸体。

回答 C 是错误的。仅技师 A 正确。

回答 D 是错误的。技师 A 是正确的。

A.1

2. 回答 A 是错误的，技师 B 也是正确的。

回答 B 是错误的，技师 A 也是正确的。

回答 C 是正确的。两个技师都是正确的。进行路试可使技师确认客户的抱怨，查找维修技术公告可节省诊断的时间。

回答 D 是错误的。因两个技师都是正确的。

C.12

3. 回答 A 是正确的。仅技师 A 正确。活塞环与环岸的侧隙必须在规定值内。间隙过大将导致活塞环颤振并损坏，间隙过小，活塞环将粘连和咬死，造成压缩压力减小。

回答 B 是错误的。活塞环和环岸的侧隙通常是 0.012~0.025mm，而活塞环的端隙要大些。按照制造商的标准对发动机进行检查以确保配合正确。

回答 C 是错误的。仅技师 A 正确。

回答 D 是错误的。技师 A 是正确的。

B.4

4. 回答 A 是正确的。仅技师 A 正确。气门弹簧必须进行气门开启高度和关闭高度的压力测试以确保在所有时间内气门都有正确的弹簧张力。

回答 B 是错误的。在两个测试高度的压力必须在规定范围内以便正确控制气门的弹簧张力。

回答 C 是错误的。仅技师 A 正确。

回答 D 是错误的。技师 A 是正确的。

A.8

5. 回答 A 是错误的。1 号和 3 号气缸不相邻。气缸垫在这两个气缸之间不可能窜气。

回答 B 是正确的。气缸泄漏量测试有助于确定压缩压力损失的根源。

回答 C 是错误的。仅技师 B 正确。

回答 D 是错误的。技师 B 是正确的。

A.7

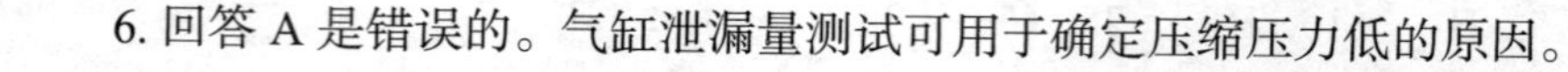

6. 回答 A 是错误的。气缸泄漏量测试可用于确定压缩压力低的原因。

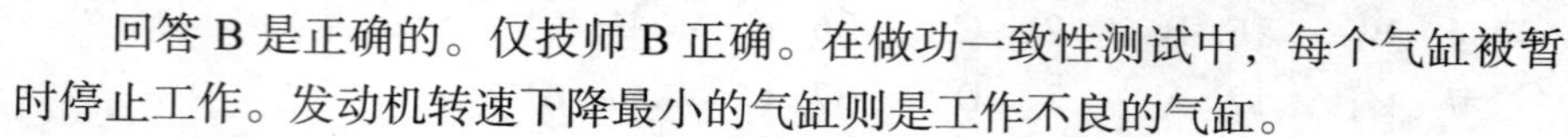

回答 B 是正确的。仅技师 B 正确。在做功一致性测试中，每个气缸被暂时停止工作。发动机转速下降最小的气缸则是工作不良的气缸。

回答 C 是错误的。仅技师 B 正确。

回答 D 是错误的。技师 B 是正确的。

E.5

7. 回答 A 是错误的。技师 B 也正确。

回答 B 是错误的。技师 A 也正确。

回答 C 是正确的。两个技师都正确。活塞环磨损会导致窜气过多，在曲轴箱内产生压力，使机油从后主油封泄漏。PCV 系统出现缺陷也会造成同样的问题。

回答 D 是错误的。两个技师都正确。

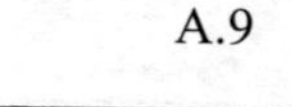

A.9

8. 回答 A 是错误的。若两相邻的气缸有类似的泄漏量，则此两缸之间的缸垫可能窜气。

回答 B 是错误的。应检查进气系统。

回答 C 是错误的。应检查排气系统。

回答 D 是正确的。变速器不会显示来自发动机气缸的泄漏。

9. 回答 A 是错误的。气门杆安装高度是从气门座至气门顶部的测量值。

B.9

技师 B 是正确的。仅技师 B 正确。气门杆安装高度是从气门座至气门顶部的测量值。

回答 C 是错误的。仅技师 B 正确。

回答 D 是错误的。技师 B 是正确的。

10. 回答 A 是错误的。技师 B 也正确。

A.4

回答 B 是错误的。技师 A 也正确。

回答 C 是正确的。两个技师都正确。连杆轴承磨损的噪声会来自发动机下部且是发沉的敲击声。

回答 D 是错误的。两个技师都正确。

11. 回答 A 是错误的。芯堵应拆下以便清洗水套。

C.1

回答 B 是错误的。机油道堵塞必须拆下以便清除任何旧机油残留物。

技师 C 是错误的。凸轮轴轴承必须拆下并更换。

回答 D 是正确的。气缸衬套一般是铸造件，不可拆卸，除非进行镗孔。

12. 回答 A 是错误的。尾管处的黑烟表示混合气浓的状态。

A.5

回答 B 是错误的。冷却液进入燃烧室会造成排气是白色。

回答 C 是错误的。两个技师都不正确。

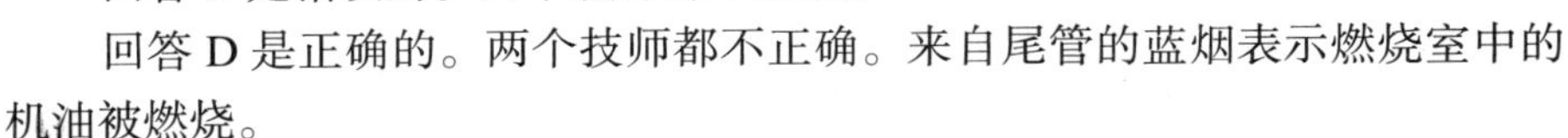

回答 D 是正确的。两个技师都不正确。来自尾管的蓝烟表示燃烧室中的机油被燃烧。

13. 回答 A 是错误的。进气歧管泄漏将导致怠速时真空低。

E.7

回答 B 是错误的。火花塞失火将导致怠速不稳和真空度波动。

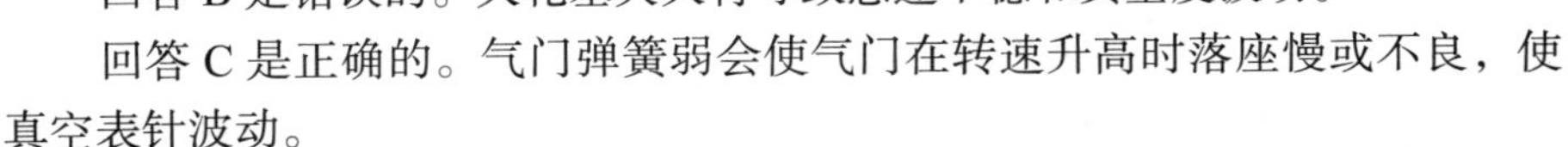

回答 C 是正确的。气门弹簧弱会使气门在转速升高时落座慢或不良，使真空表针波动。

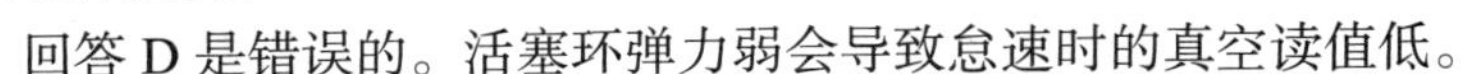

回答 D 是错误的。活塞环弹力弱会导致怠速时的真空读值低。

14. 回答 A 是错误的。尽管配有 MAP 传感器的发动机不测量进气管道中的空气流量，但进气管路影响发动机在各种转速下换气的好坏。

E.2

回答 B 是正确的。仅技师 B 正确。完好的进气系统可防止灰尘、花粉等进入发动机，避免磨损。

回答 C 是错误的。仅技师 B 正确。

回答 D 是错误的。技师 B 是正确的。

15. 回答 A 是错误的。压力安全阀卡滞在关闭位置将导致机油压力高。

D.2

回答 B 是正确的。仅技师 B 是正确的。当有来自气门机构的“嗒嗒”声时，会看到机油压力低，因为此区域是压力油的最远端。

回答 C 是错误的。仅技师 B 正确。

回答 D 是错误的。技师 B 是正确的。

16. 回答 A 是错误的。缸筒必须用热肥皂水和孔刷进行刷洗以去除加工微粒。

C.16

回答 B 是正确的。仅技师 B 正确。清洗气缸体的正确方法是用热肥皂水和孔刷进行刷洗，然后涂抹保护层以防止生锈。

回答 C 是错误的。仅技师 B 正确。

回答 D 是错误的。技师 B 是正确的。

A.8

17. 回答 A 是正确的。仅技师 A 正确。发动机运转时的压缩压力测试用于检查气缸换气性能。而起动（转动）时的压缩压力测试用于检查气缸密封性。

回答 B 是错误的。起动时的压缩压力测试用于检查气缸密封状态，不是换气性能。

回答 C 是错误的。仅技师 A 正确。

回答 D 是错误的。技师 A 是正确的。

B.12

18. 回答 A 是正确的。仅技师 A 正确。若气门调整得过紧可能会导致气门弯曲。

回答 B 是错误的。气门调整不当将导致发动机性能出现问题。

回答 C 是错误的。仅技师 A 正确。

回答 D 是错误的。技师 A 是正确的。

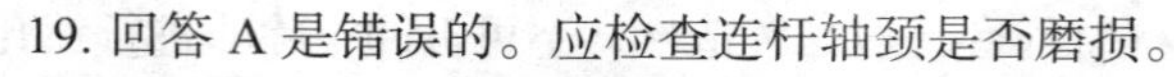
C.5

19. 回答 A 是错误的。应检查连杆轴颈是否磨损。

回答 B 是错误的。应检查曲轴主轴颈是否磨损。

回答 C 是错误的。应检查曲轴是否变形。

回答 D 是正确的。大修曲轴不会改变曲轴长度，因此长度不需要检查。

E.6

20. 回答 A 是错误的。技师 B 也正确。

回答 B 是错误的。技师 A 也正确。

回答 C 是正确的。两个技师都正确。根据制造年份和配置，点火正时可用正时灯或用扫描工具通过 ECM 进行调整。

回答 D 是错误的。两个技师都正确。

A.8

21. 回答 A 是错误的。加入气缸中的机油，不会改善泄漏的进气门的密封性。

回答 B 是错误的。加入气缸中的机油不会密封泄漏的气缸垫。

回答 C 是错误的。加入气缸中的机油不会密封烧损的排气门。

回答 D 是正确的。加入气缸中的机油会暂时改善活塞环的密封性，使压缩压力读值提高。

D.1

22. 回答 A 是错误的。技师 B 也正确。

回答 B 是错误的。技师 A 也正确。

回答 C 是正确的。两个技师都正确。

回答 D 是错误的。两个技师都正确。

C.2

23. 回答 A 是错误的。有裂纹的气缸筒不能用下套方式进行修理，必须更换气缸体。

回答 B 是错误的。有裂纹的气缸筒不能焊接，必须更换气缸体。

回答 C 是错误的。两个技师都错误。

回答 D 是正确的。两个技师都是错误的。有裂纹的气缸筒不能进行修理。

燃烧的热量和压力将导致套在缸筒中移动，而焊接的缸筒仍会破裂。气缸体必须更换。

E.3

24. 回答 A 是错误的。气门杆密封件泄漏将导致进入气缸的机油被燃烧。

回答 B 是错误的。PCV 系统堵塞会导致进入气缸的机油被燃烧或外部泄漏。

回答 C 是正确的。若增压器密封件泄漏，液态机油会被带入增压器排气出口。

回答 D 是错误的。发动机活塞环磨损将导致性能不良和进入气缸的机油被燃烧。

B.13

25. 回答 A 是错误的。扭转减振器应在正时标记对正后拆卸。

回答 B 是错误的。水泵可能不是必须拆卸的。

回答 C 是正确的。其他所有选项可能是必须要做的，但第一步应是先对正正时标记。

回答 D 是错误的。此仅是在对正正时标记后要做的。

A.7

26. 回答 A 是错误的。曲轴位置传感器损坏将影响所有气缸，而不是一个。

回答 B 是错误的。节气门体处的泄漏将影响所有气缸。

回答 C 是正确的。若该气缸的火花塞高压线有问题，该气缸将不点火和发出功率。

回答 D 是错误的。凸轮轴位置传感器有问题将影响所有气缸。

C.4

27. 回答 A 是错误的。气缸筒内的较深刮擦用球珩磨不能去除，需要用油石条珩磨。

回答 B 是错误的。具有 0.20mm 锥度的缸筒必须镗直以确保活塞环的密封性。

回答 C 是错误的。两个技师都不正确。

回答 D 是正确的。两个技师都不正确。两种状态的气缸筒都需要镗孔。

D.6

28. 回答 A 是错误的。释放压力为 13 lbf 的散热器盖应用相同级别的更换。

回答 B 是错误的。散热器盖应保持压力直到超过其额定的压力。

回答 C 是错误的。两个技师都不正确。

回答 D 是正确的。两个技师都不正确。散热器盖的额定压力不应改变，用 15lbf 的散热器盖替代 13lbf 的散热器盖会导致冷却系统泄漏。在散热器盖没达到额定压力前就释放可能导致发动机过热。散热器盖每增高 1lbf 压力，冷却液沸点将提高 1.6℃。在 10lbf 释放而不是额定的 13lbf 释放的散热器盖将导致冷却液在达到正确压力前沸腾，即沸点降低约 5℃。

D.9

29. 回答 A 是错误的。卡滞在打开位置的节温器会引起压力低而不是高。

回答 B 是正确的。仅技师 B 正确。在规定压力下，不能释放的散热器盖可能导致在建立起的压力点下损坏散热器。

回答 C 是错误的。仅技师 B 正确。

回答 D 是错误的。技师 B 是正确的。

B.9

30. 回答 A 是错误的。技师 B 也正确。

回答 B 是错误的。技师 A 也正确。

回答 C 是正确的。两个技师都正确。弹簧安装高度要用弹簧垫片进行修正。若作用在气门上的弹簧张力不够，则气门落座速率将比凸轮凸角变小的速率要慢，气门可能紧密落座。

回答 D 是错误的。两个技师都正确。

D.7

31. 回答 A 是错误的。技师 B 也正确。

回答 B 是错误的。技师 A 也正确。

回答 C 是正确的。两个技师都正确。若蛇形传动带在 25.4mm 范围内有 3 处以上裂纹应更换。表面光滑但磨损不均匀的传动带轮将导致传动带上的压力不一致，引起打滑或早期损坏。

回答 D 是错误的。两个技师都正确。

C.10

32. 回答 A 是错误的。技师 B 也正确。

回答 B 是错误的。技师 A 也正确。

回答 C 是正确的。两个技师都正确。活塞直径应在与活塞销成 90° 的裙部下部测量。

回答 D 是错误的。两个技师都正确。

B.2

33. 回答 A 是错误的。应检查气缸盖下平面是否变形。

回答 B 是错误的。若气缸盖下平面变形，凸轮轴孔也可能变形，所以需检查。

回答 C 是正确。凸轮轴附件不需要检查。

回答 D 是错误的。气缸盖应进行压力测试，看其是否有因过热导致的裂纹，也许它是过热的原因。

B.13

34. 回答 A 是错误的。技师 B 也正确。

回答 B 是错误的。技师 A 也正确。

回答 C 是正确的。两个技师都正确。应检查推杆式发动机的凸轮轴是否变形和凸轮是否磨损。

回答 D 是错误的。两个技师都正确。

D.8

35. 回答 A 是错误的。技师 B 也正确。

回答 B 是错误的。技师 A 也正确。

回答 C 是正确的。两个技师都正确。冷却液管内的任何老化都是更换的理由。挤压时出现的破裂声或“嘎吱”声都表明水管应立即更换，并冲洗冷却系统。

回答 D 是错误的。两个技师都正确。

E.4

36. 回答 A 是错误的。技师 B 也正确。

回答 B 是错误的。技师 A 也正确。

回答 C 是正确的。两个技师都正确。在 A 点的开路将阻止电流从蓄电池流向起动机。在空档安全开关处的开路将导致继电器停留在打开状态，不能接通从蓄电池至起动机的电流路径。

B.5

回答 D 是错误的。两个技师都正确。

37. 回答 A 是错误的。弹簧应靠住直尺转动。

回答 B 是错误的。压缩弹簧或许不能反映扭曲程度。

回答 C 是正确的。转动靠住直尺且竖立的弹簧是检查弹簧是否扭曲的正确方法。

回答 D 是错误的。弹簧自由长度是弹簧的一个单独测量内容。

38. 回答 A 是错误的。始终要测量冰点。

D.10

回答 B 是错误的。应检查 pH 值，该测试是检查冷却液中添加剂状态的好方法。

回答 C 是正确的。流量是不用检查的，它是水泵的功能之一。

回答 D 是错误的。推荐检查杂散电流。流动的电流会导致水管迅速老化，在散热器和暖风芯中再次出现针孔。

39. 回答 A 是错误的。仅回答 D 是正确的。

B.6

回答 B 是错误的。仅回答 D 是正确的。

回答 C 是错误的。仅回答 D 是正确的。

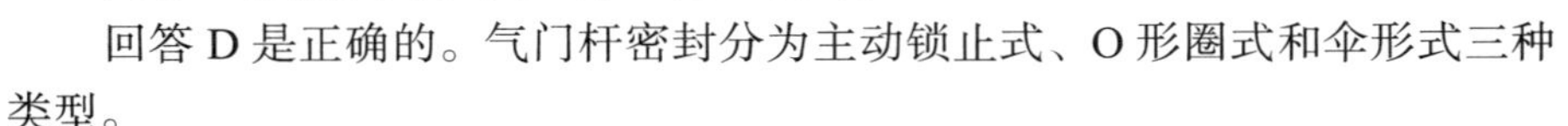

回答 D 是正确的。气门杆密封分为主动锁止式、O 形圈式和伞形式三种类型。

40. 回答 A 是错误的。轴颈失圆必须被修整。

C.5

回答 B 是错误的。锥度过大的轴颈将需要磨削加工至正确值。

回答 C 是正确的。轴颈细小的擦伤可用专用的砂带磨床磨光。

回答 D 是错误的。损伤的推力轴承面必须被修理。

41. 回答 A 是错误的。气门导管是钢管，它比滚花工具硬，会损坏该工具。

B.7

回答 B 是正确的。仅技师 B 正确。应拆下磨损的气门导管并更换新导管。

回答 C 是错误的。仅技师 B 正确。

回答 D 是错误的。技师 B 是正确的。

42. 回答 A 是错误的。技师 B 也正确。

B.17

回答 B 是错误的。技师 A 也正确。

回答 C 是正确的。两个技师都正确。气缸盖螺栓孔螺纹必须用丝锥修复，使螺纹完整，防止力矩不正确。缸盖螺栓上应稍微润滑以防止力矩不正确。

回答 D 是错误的。两个技师都正确。

43. 回答 A 是正确的。仅技师 A 正确。为调整气门与气门座的接触，30° 的角度被用于定位。

B.8

回答 B 是错误的。当该座过宽时，60° 的角度被用于对气门座下部的铰削使其变窄。

回答 C 是错误的。仅技师 A 正确。

回答 D 是错误的。技师 A 是正确的。

44. 回答 A 是错误的。发动机转速必须达到 250r/min 的最小起动转速。

A.2

回答 B 是正确的。仅技师 B 正确。若蓄电池弱，将不能提供发动机快速转动到至少 250r/min 的电流。

回答 C 是错误的。仅技师 B 正确。

回答 D 是错误的。技师 B 是正确的。

D.3

45. 回答A是错误的。对冷却系统施加的压力不应超过散热器盖额定压力。

回答B是正确的。仅技师B正确。在发动机达到工作温度熄火后，冷却系统的压力会提高。这将使泄漏变得明显。

回答C是错误的。仅技师B正确。

回答D是错误的。技师B是正确的。

A.6

46. 回答A是错误的。活塞环磨损将引起真空读值低，因为气缸没有正确密封。

回答B是错误的。卡滞的气门将显示出稳定且正常的真空读值，偶尔表针会突然快速向下摆动。

回答C是正确的。在转速提高时，气门弹簧弱将导致表针快速摆动。该气门关闭慢引起不良气缸丢失真空。

回答D是错误的。当转速稳定在1800r/min以上时，排气系统堵塞会导致真空读值偏低，但当处于怠速状态时，读值正常。

C.7

47. 回答A是正确的。仅技师A正确。图中是一副主轴承和推力轴承。

回答B是错误的。每台发动机仅有一个推力轴承。

回答C是错误的。仅技师B正确。

回答D是错误的。技师A是正确的。

B.17

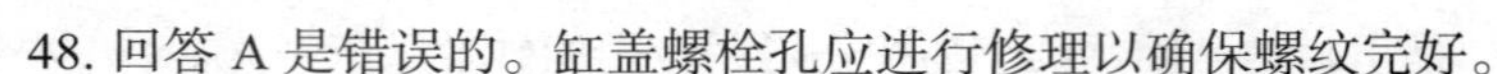

48. 回答A是错误的。缸盖螺栓孔应进行修理以确保螺纹完好。

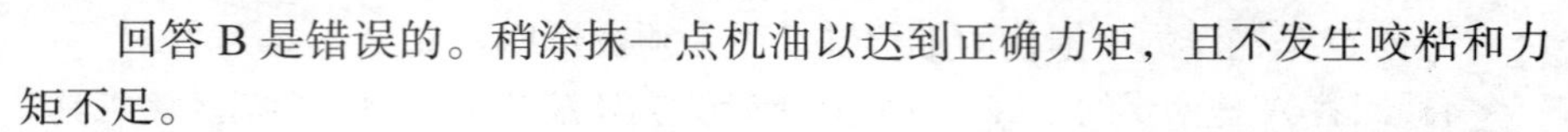

回答B是错误的。稍涂抹一点机油以达到正确力矩，且不发生咬粘和力矩不足。

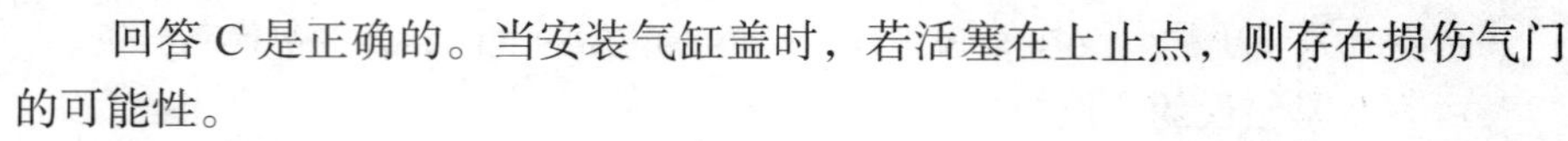

回答C是正确的。当安装气缸盖时，若活塞在上止点，则存在损伤气门的可能性。

回答D是错误的。必须清洁整个下平面以防止弄脏气缸垫。

B.3

49. 回答A是错误的。当为适应较大直径的螺栓能将孔钻大时，水泵所对应孔的周围可能没有足够区域被钻至加大尺寸。对修复该螺纹来说，这不是最优方法。

回答B是正确的。仅技师B正确。修复螺纹的最优方法应是使用HeliCoil螺纹套使螺纹恢复到原始尺寸和螺距。

回答C是错误的。仅技师B正确。

回答D是错误的。技师B是正确的。

A.8

50. 回答A是错误的。该气缸的排气流动受阻将会造成较高的运转压缩压力测试结果。3号气缸气门粘滞或排气口受阻将使该气缸排空，并在下一个进气行程将提高该气缸的压力。

回答B是正确的。3号气缸的进气受阻会导致该缸的运转压缩压力测试结果很低，这是因为该气缸在进气行程得不到更多的空气。

回答C是错误的。堵塞的三元催化转换器竟导致高于预期值的运转压缩压力测试结果，这是因为没有一个气缸能正确排空。

回答D是错误的。空气滤清器堵塞将阻碍空气进入所有气缸，而不仅是3号气缸。

模拟考试 4—标准答案

1. A	11. D	21. C	31. D	41. C
2. C	12. B	22. A	32. B	42. B
3. D	13. D	23. C	33. B	43. D
4. D	14. A	24. D	34. B	44. B
5. B	15. B	25. A	35. D	45. C
6. B	16. A	26. C	36. B	46. A
7. B	17. D	27. A	37. C	47. B
8. A	18. C	28. C	38. A	48. D
9. B	19. C	29. D	39. D	49. C
10. C	20. C	30. D	40. C	50. D

模拟考试 4—答案解释

D.1

1. 回答 A 是正确的。仅技师 A 正确。主轴承磨损将导致在所有转速机油压力低。

回答 B 是错误的。活塞环泄漏将导致压缩损失，但不会影响机油压力。

回答 C 是错误的。仅技师 A 正确。

回答 D 是错误的。技师 A 是正确的。

A.2

2. 回答 A 是错误的。蓄电池正极柱连接不良会因高阻抗导致间歇性的不能转动的状况。

回答 B 是错误的。起动机接地电路阻抗高会导致间歇性的不能转动的状况。

回答 C 是正确的。若发动机被液压顶死，不会是间歇性问题，而是始终不能转动。

回答 D 是错误的。点火开关磨损会导致起动电路出现间歇性问题。

C.1

3. 回答 A 是错误的。排出冷却液、机油和断开燃油管路都是要做的。

回答 B 是错误的。排出冷却液、机油和断开燃油管路都是要做的。

回答 C 是错误的。排出冷却液、机油和断开燃油管路都是要做的。

回答 D 是正确的。从发动机排出机油、冷却液和断开燃油管路。

A.3

4. 回答 A 是错误的。喷油器密封件泄漏会造成燃油泄漏在进气歧管上。

回答 B 是错误的。若燃油箱始终加得过满，燃油蒸发炭罐会被燃油浸泡。许多早期的炭罐安装在发动机舱内。

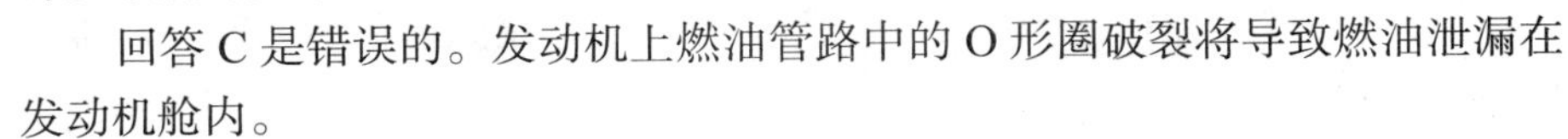

回答 C 是错误的。发动机上燃油管路中的 O 形圈破裂将导致燃油泄漏在发动机舱内。

回答 D 是正确的。发动机采用燃油喷射，电动燃油泵在燃油箱内，燃油泵泄漏不会造成散发出燃油气味。

D.10

5. 回答 A 是错误的。长效冷却液仅提供 5 年 /24 万 km 的生锈和腐蚀防护，无冰点防护。

回答 B 是正确的。仅技师 B 正确。长效冷却液仅有生锈和腐蚀防护的质保，无冰点防护。

回答 C 是错误的。仅技师 B 正确。

回答 D 是错误的。技师是正确的。

A.8

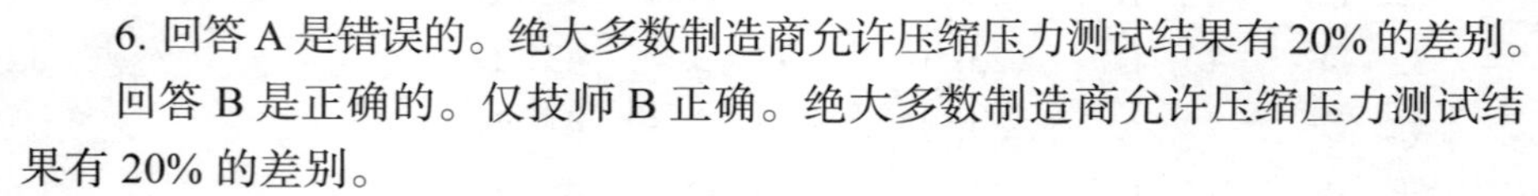

6. 回答 A 是错误的。绝大多数制造商允许压缩压力测试结果有 20% 的差别。

回答 B 是正确的。仅技师 B 正确。绝大多数制造商允许压缩压力测试结果有 20% 的差别。

回答 C 是错误的。仅技师 B 正确。

回答 D 是错误的。技师 B 是正确的。

E.2

7. 回答 A 是错误的。进气中没有足以需要水分离器的水分。

回答 B 是正确的。仅技师 B 正确。空气管路中的谐振腔会减小因空气被吸入发动机而产生的啸叫声。

回答 C 是错误的，仅技师 B 正确。

回答 D 是错误的。技师 B 是正确的。

A.8

8. 回答 A 是正确的。窜气的气缸垫将导致压缩压力低，而不是高。

回答 B 是错误的。冷却液与水混合将导致机油呈奶褐色。

回答 C 是错误的。气缸垫泄漏会使燃烧气体进入冷却系统导致散热器中冒气泡。

回答 D 是错误的。气缸垫泄漏会使冷却液进入燃烧室将导致尾气呈现白色。

A.5

9. 回答 A 是错误的。混合气稀不会产生甜味。

回答 B 是正确的。冷却液漏入燃烧室会导致尾气呈现白色并带甜味。

回答 C 是错误的。燃油混合气浓会导致排气中具有强烈的硫黄味。这是由于过量的燃油在三元催化转换器中燃烧导致的。

回答 D 是错误的。真空泄漏会导致怠速不稳，真空泄漏量会随发动机转速提高而减小。

D.11

10. 回答 A 是错误的。技师 B 也正确。

回答 C 是错误的。技师 A 也正确。

回答 C 是正确的。两个技师都正确。冷却液中的铁锈是一种磨料，它会磨掉叶轮叶片，这将导致冷却液循环量减小或完全无法循环。当前某些水泵的叶轮是用塑料制成的。

回答 D 是错误的。两个技师都正确。

A.5

11. 回答 A 是错误的。冷却液不正确不会影响三元催化转换器。

回答 B 是错误的。真空泄漏不会导致尾气出现硫黄味。

回答 C 是错误的。燃油辛烷值错误可能会引起爆燃但不会导致三元催化转换器过热。

回答 D 是正确的。浓的燃油混合气会导致过量的燃油在三元催化转换器中燃烧并导致过热，造成强烈的硫黄味。

E.1

12. 回答 A 是错误的。真空管断裂可能会造成怠速比正常值高，因为 ECM 会增加燃油来修正发动机内的稀混合气。

回答 B 是正确的。仅技师 B 正确。真空管断裂可能会造成怠速时失火或转速低。真空泄漏使未计量的空气进入进气管，导致气缸内混合气稀的状态和失火。

回答 C 是错误的。仅技师 B 正确。

回答 D 是错误的。技师 B 是正确的。

A.6

13. 回答 A 是错误的。活塞环磨损将导致低但稳定的真空，通常在 8~10 inHg 范围内。

回答 B 是错误的。气门弹簧弱将导致发动机平稳加速时真空表表针不规则地波动。

回答 C 是错误的。两个技师都不正确。

回答 D 是正确的。两个技师都不正确。真空下降到接近零后返回正常值，表明发动机工作正常。

C.16

14. 回答 A 是正确的。仅技师 A 正确。某些较旧配方的 RTV 气体会损伤氧传感器。新配方则不会损伤氧传感器，并在包装中有说明。

回答 B 是错误的。RTV 是一种需要氧气的密封材料，它需要空气来成形。

回答 C 是错误的。仅技师 A 正确。

回答 D 是错误的。技师 A 是正确的。

A.4

15. 回答 A 是错误的。若发动机在加速过程中摇摆过大，造成发动机撞击机舱盖，通常是前悬置破裂。前悬置内通常充有液压油，若油泄漏出来，将不起作用。

回答 B 是正确的。仅技师 B 正确。充油的液压发动机悬置已变得很常用。若油从悬置中泄漏，它将不能控制发动机位移。在某些汽车上，发动机会撞击发动机舱盖下面。

回答 C 是错误的。仅技师 B 正确。

回答 D 是错误的。技师 B 是正确的。

E.3

16. 回答 A 是正确的。泄压阀卡滞在打开位置将从涡轮前旁通所有排气。

回答 B 是错误的。泄压阀膜片泄漏将使用过大的增压。

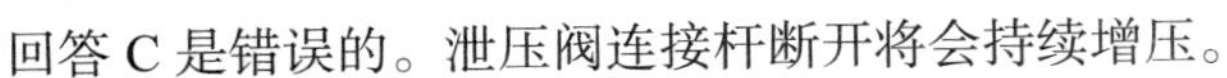

回答 C 是错误的。泄压阀连接杆断开将会持续增压。

回答 D 是错误的。泄压阀卡滞在关闭位置将使用过大的增压。

D.8

17. 回答 A 是错误的。使用钳子拧脱水管将损坏水管接头，使其很难再密封新的水管。

技师 B 是错误的。使用一字旋具同样会损坏水管接头。

回答 C 是错误的。用手扭转水管也许会拧断暖风芯的接头。

回答 D 是正确的。粘结的水管应先切开，然后将其剥落以避免损坏水管接头或暖风芯。

E.7

18. 回答 A 是错误的。技师 B 也正确。

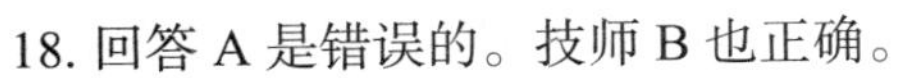

回答 B 是错误的。技师 A 也正确。

回答 C 是正确的。两个技师都正确。三元催化转换器阻塞，发动机在 2000r/min 时，真空表会显示低的真空读值。温度传感探头用于测量三元催化转换器进出口的温度，可确定其是否阻塞。正常的出口温度应比进口温度高约 10%。

回答 D 是错误的。两个技师都正确。

A.4

19. 回答 A 是错误的。若机油液面低，该噪声不会消失。

回答 B 是错误的。连杆轴承磨损产生的噪声是低沉敲击声，且可能不会消失。

回答 C 是正确的。若停车后挺杆回漏，当机油压力上来后，挺杆将被快速泵起并安静下来。

回答 D 是错误的。若噪声是源于机油泵无力，则噪声不会消失。

A.8

20. 回答 A 是错误的。技师 B 是正确的。

回答 B 是错误的。技师 A 是正确的。

回答 C 是正确的。两个技师都正确。运转压缩压力测试是在拆去被测气缸的火花塞和断开燃油管路后进行的。测压表连接在火花塞孔，同时该缸的点火线圈或火花塞高压线必须接地或拆除。喷油器也必须断开控制线以防止燃油喷入气缸。运转压缩压力测试结果应是起动压缩压力测试结果的 50%。

回答 D 是错误的。两个技师都正确。

C.11

21. 回答 A 是错误的。润滑不足会造成所有轴承出现磨损。

回答 B 是错误的。锥形的连杆轴颈将影响上下轴承片的相同位置。

回答 C 是正确的。扭曲的连杆使压力施加在下轴承片的一侧和上轴承片的另一侧。

回答 D 是错误的。弯曲的曲轴将影响主轴承的磨损。

A.7

22. 回答 A 是正确的。仅技师 A 正确。若不工作的气缸是使用同一组点火线圈，则该组点火线圈损坏会导致该故障现象。

回答 B 是错误的。凸轮轴与曲轴不同步会导致发动机运转粗暴，但问题应反映在多个气缸上。

回答 C 是错误的。仅技师 A 正确。

回答 D 是错误的。技师 A 是正确的。

E.2

23. 回答 A 是错误的。堵塞的空气滤清器会造成车辆性能不良。

回答 B 是错误的。堵塞的空气滤清器会造成车辆加速迟缓。

回答 C 是正确的。堵塞的空气滤清器会使车辆燃油经济性比正常时差，而不是稍好。

回答 D 是错误的。堵塞的空气滤清器使车辆燃油经济性较差。

B.9

24. 回答 A 是错误的。应检查弹簧的自由高度。

回答 B 是错误的。应检查弹簧的开启张力。

回答 C 是错误的。应检查弹簧的关闭张力。

回答 D 是正确的。弹簧直径没有要检查的规定值。

E.4

25. 回答 A 是正确的。仅技师 A 正确。飞轮齿圈缺失或磨损导致驱动齿轮啮合漏空或粘结。

回答 B 是错误的。若起动机被啮合或粘结，起动电流会正常或比通常的高。

回答 C 是错误的。仅技师 A 正确。

回答 D 是错误的。技师 A 是正确的。

A.9

26. 回答 A 是错误的。技师 B 也正确。

回答 B 是错误的。技师 A 也正确。

回答 C 是正确的。两个技师都正确。两相邻气缸显示明显泄漏说明 2 号和 3 号气缸之间的缸垫很可能窜气。可接受的气缸泄漏量限值是 20%，所以 1 号和 4 号气缸在泄漏限值内。

回答 D 是错误的。两个技师都正确。

B.6

27. 回答 A 是正确的。仅技师 A 正确。将压缩空气充入气缸使气门保持在关闭位置，取下气门固定器后，便可取出气门弹簧。

回答 B 是错误的。Y 是气门杆密封件，可用拆卸气门弹簧的相同方式进行拆下和更换。

回答 C 是错误的。仅技师 A 正确。

回答 D 是错误的。技师 A 是正确的。

A.5

28. 回答 A 是错误的。技师 B 也正确。

回答 B 是错误的。技师 A 也正确。

回答 C 是正确的。两个技师都正确。不良的散热器盖将不能在冷却系统中建立起压力，可能导致冷却液沸腾。暖风芯泄漏可能出现在乘客侧底板上，不会出现在发动机舱盖下。

回答 D 是错误的。两个技师都正确。

E.1

29. 回答 A 是错误的。燃油滤清器堵塞将阻碍燃油流向喷油器。

技师 B 是错误的。燃油泵单向阀失效会使管路中的燃油在发动机熄火后流回燃油箱。燃油泵先使管路充满燃油才能建立起压力。

回答 C 是错误的。喷油器泄漏会引起溢油并冲刷气缸壁导致压缩压力低和更长的起动时间。

回答 D 是正确的。燃油压力调节器失效会使燃油不能回流至燃油箱。这会引起车辆性能出现问题，但不会导致始终起动时间长。

C.5

30. 回答 A 是错误的。长时间怠速运转不会导致此类磨损。怠速运转时曲轴上受到的压力较小。

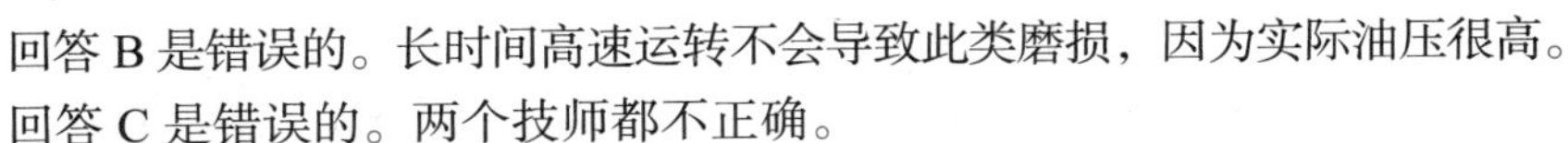
回答 B 是错误的。长时间高速运转不会导致此类磨损，因为实际油压很高。

回答 C 是错误的。两个技师都不正确。

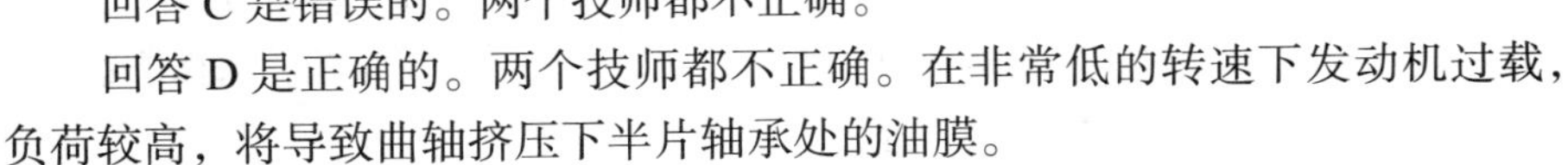
回答 D 是正确的。两个技师都不正确。在非常低的转速下发动机过载，负荷较高，将导致曲轴挤压下半片轴承处的油膜。

A.8

31. 回答 A 是错误的。气缸湿式压缩压力测试不用于检查气门的密封性。该测试是检查活塞环的泄漏。若湿式测试结果有明显提高，则说明活塞环磨损。

回答 B 是错误的。做功一致性测试用于确定工作不良的气缸。紧接着应是对气缸进行湿式压缩压力测试。

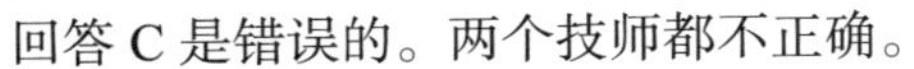
回答 C 是错误的。两个技师都不正确。

回答 D 是正确的。两个技师都不正确。气缸湿式压缩压力测试用于检查活塞环的密封性。做功一致性测试用于确定与其他气缸相比做功不良的气缸。

B.17

32. 回答 A 是错误的。砂带打磨机会给表面一个定向移动的处理，但可能会导致气缸盖从一端到另一端厚度的变化。

回答 B 是正确的。仅技师 B 正确。表面处理对气缸垫的正确密封和寿命是关键的。铸铁缸体和铝缸盖的膨胀系数不同，若缸盖未正确处理将会导致气缸垫失效。

回答 C 是错误的。仅技师 B 正确。

回答 D 是错误的。技师 B 是正确的。

A.6

33. 回答 A 是错误的。粘结的气门会产生表针读值正常，但断断续续会出现表针突然下摆后又返回的现象。

回答 B 是正确的。仅技师 B 正确。排气系统严重阻塞会导致此读值。废气不能排出燃烧室，从而使真空读值低。

回答 C 是错误的。仅技师 B 正确。

回答 D 是错误的。技师 B 是正确的。

B.8

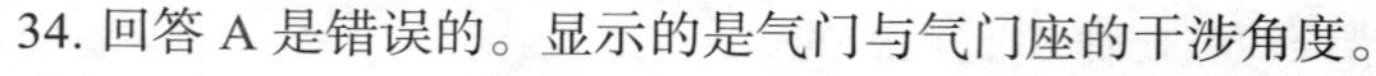

34. 回答 A 是错误的。显示的是气门与气门座的干涉角度。

回答 B 是正确的。仅技师 B 正确。显示的是气门与气门座的干涉角度。若有规定，通常为 1°。

回答 C 是错误的。仅技师 B 正确。

回答 D 是错误的。技师 B 是正确的。

C.12

35. 回答 A 是错误的。活塞和连杆必须对正以便于安装活塞销。

回答 B 是错误的。加热连杆小头使其膨胀以便于安装。

回答 C 是错误的。活塞与连杆的安装标记必须对正以确保活塞在缸筒中的方向。

回答 D 是正确的。加热的活塞销由于膨胀将不能装入连杆孔。

B.5

36. 回答 A 是错误的。气门弹簧必须检查在开启和关闭高度时的张力。

回答 B 是正确的。仅技师 B 正确。弹簧不正直可能导致气门座磨损不均匀。扭曲的弹簧会导致气门一侧的接触压力大于另一侧。

回答 C 是错误的。仅技师 B 正确。

回答 D 是错误的。技师 B 是正确的。

B.14

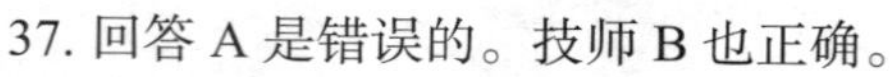

37. 回答 A 是错误的。技师 B 也正确。

回答 B 是错误的。技师 A 也正确。

回答 C 是正确的。两个技师都正确。排气门在做功行程最后期间打开，此时气缸内还存有一定压力，在采用平面挺杆的发动机上，会使排气凸轮磨损严重。

回答 D 是错误的。两个技师都正确。

C.5

38. 回答 A 是正确的。仅技师 A 正确。应检查键槽是否损伤，损伤的键槽会导致扭转减振器产生位移。

回答 B 是错误的。必须更换有裂纹的曲轴。焊接不是正确的维修方式，因曲轴在使用中会快速损坏。

回答 C 是错误的。仅技师 A 正确。

回答 D 是错误的。技师 A 是正确的。

B.11

39. 回答 A 是错误的。采用平面挺杆的凸轮轴凸轮表面两侧之间有轻微的斜度以使挺杆转动，减少磨损。

回答 B 是错误的。平面挺杆端部应是稍微凸起的以帮助挺杆旋转减小挺杆和凸轮轴的磨损。

回答 C 是错误的。两个技师都不正确。

回答 D 是正确的。两个技师都不正确。采用平面挺杆的凸轮轴表面稍有锥度。挺杆有凸面。

C.3

40. 回答 A 是错误的。技师 B 也正确。

回答 B 是错误的。技师 A 也正确。

回答 C 是正确的。两个技师都正确。气缸体上的机油道也许仅有管螺纹堵塞，也可能同时有管螺纹和杯形堵塞。

回答 D 是错误的。两个技师都正确。

B.13

41. 回答 A 是错误的。技师 B 也正确。

回答 B 是错误的。技师 A 也正确。

回答 C 是正确的。两个技师都正确。发动机运转时，当节气门打开和松开时，可看到正时标记。在转速下降时，过度拉长的链条会导致正时标记快速摆动。拉长的链条会造成性能不良，这是由于曲轴与凸轮轴的相对位置在不断变化。

回答 D 是错误的。两个技师都正确。

D.9

42. 回答 A 是错误的。节温器的基本作用是防止过热。

回答 B 是正确的。节温器打开和关闭，可保持发动机工作温度正常并防止过热。

回答 C 是错误的。暖风芯泄漏是因腐蚀造成的。

回答 D 是错误的。软管老化是因污染和使用时间过长造成的。

B.2

43. 回答 A 是错误的。铝不是含铁材料，所以磁体对裂纹不起作用。

回答 B 是错误的。活塞是铝合金的，不含铁。

回答 C 是错误的。铝不含铁的，所以不会被磁吸引。

回答 D 是正确的。铸铁缸盖是铁的，可传导磁场。

B.10

44. 回答 A 是错误的。气门将开启 13.335mm。

回答 B 是正确的。摇臂放大比是 1.5 : 1，折意味着气门的移动量是推杆升程的 1.5 倍，或说是 13.335mm。

回答 C 是错误的。气门将 13.335mm。

回答 D 是错误的。气门将 13.335mm。

D.7

45. 回答 A 是错误的。技师 B 也正确。

回答 B 是错误的。技师 A 也正确。

回答 C 是正确的。两个技师都正确。当发动机运转但在空调开关没有接通时，自动张紧器应没有振动。若有振动，会使传动带张紧器不断加载和卸载从而导致过早损坏。若被传动带驱动的传动带轮彼此之间不在一个平面，将导致传动带磨损，可能引起传动带脱落。

回答 D 是错误的。两个技师都正确。

C.4

46. 回答 A 是正确的。仅技师 A 正确。燃烧室内燃油过多将会冲刷气缸壁上部的机油导致过大磨损。

回答 B 错误的。活塞环端隙过小将造成暖机后活塞环在缸内被约束，导致活塞环断裂、活塞损坏。

回答 C 是错误的。仅技师 A 正确。

回答 D 是错误的。技师 A 是正确的。

E.3

47. 回答 A 是错误的。机械增压器带有自己的润滑油而不用发动机润滑系统的润滑油润滑。

回答 B 是正确的。仅技师 B 正确。机械增压器有自己的润滑油，并应按照制造商的规定进行更换。

回答 C 是错误的。仅技师 B 正确。

回答 D 是错误的。技师 B 是正确的。

C.14

48. 回答 A 错误的。缸体内的凸轮轴孔可能变形，应进行检查。

回答 B 是错误的。缸体内的所有凸轮轴孔的直径通常是不同的，从前至后逐渐减小，这有助于使凸轮轴从前至后穿过进行安装。

回答 C 是错误的。两个技师都不正确。

回答 D 是正确的。两个技师都不正确。若气缸体经受过极端加热或压力，应检查包括凸轮轴孔在内的所有孔是否变形。凸轮轴孔直径通常是不同的，以便在发动机工作时帮助控制凸轮轴的前后移动。

D.2

49. 回答 A 是错误的。技师 B 也正确。

回答 B 是错误的。技师 A 也正确。

回答 C 是正确的。两个技师都正确。机油泵可由凸轮轴通过分电器驱动，或由曲轴端部驱动。

回答 D 是错误的。两个技师都正确。

C.5

50. 回答 A 是错误的。技师正在检查推力轴承间隙。

回答 B 是错误的。技师正在检查推力轴承间隙。

回答 C 是错误的。技师正在检查推力轴承间隙。

回答 D 是正确的。技师正在使用百分表和一字旋具检查推力轴承间隙。

模拟考试 5—标准答案

1. B	11. C	21. C	31. A	41. A
2. D	12. B	22. C	32. B	42. B
3. D	13. C	23. C	33. C	43. C
4. C	14. C	24. B	34. D	44. C
5. B	15. B	25. D	35. C	45. A
6. A	16. B	26. C	36. D	46. B
7. C	17. C	27. A	37. C	47. C
8. D	18. C	28. B	38. D	48. C
9. D	19. D	29. D	39. A	49. C
10. B	20. B	30. B	40. C	50. D

模拟考试 5—答案解释

A.8

1. 回答 A 是错误的。有裂纹的排气歧管在冷机时会产生破裂或轰轰的噪声。

回答 B 是正确的。真空泄漏通常不会引起较大的噪声，但客户可从车内听到。真空泄漏声是一种尖利的哨声。

回答 C 是错误的。挠性板破裂在怠速时会产生较大的破裂尖叫声或撞击声，但会随转速提高而减弱。

回答 D 是错误的。活塞上的积炭将导致来自受影响气缸的爆燃敲击声。

C.8

2. 回答 A 是错误的。凸轮轴轴承用拉压工具安装。

回答 B 是错误的。凸轮轴油孔应使用刷子和压缩空气吹枪清洁。

回答 C 是错误的。凸轮轴轴承应使用轴承拉压工具拆卸。

回答 D 是正确的。凸轮轴轴承已安装，技师正在确认供油孔与凸轮轴轴承孔是否对正。

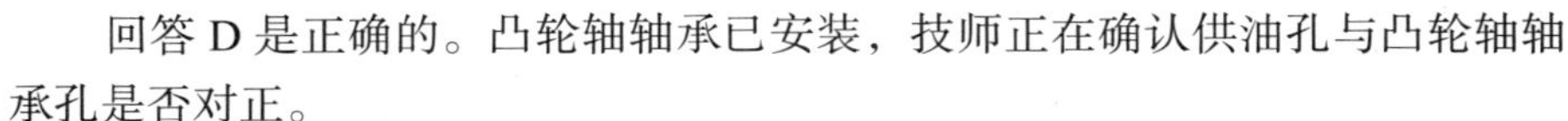

D.6

3. 回答 A 是错误的。节温器卡在关闭位置会导致在城市工况或低速行驶时过热。

回答 B 是错误的。散热器盖的真空阀只有在发动机熄火一段时间，冷却液冷却过程中才起作用。

回答 C 是错误的。在高速行驶，冷却风扇的功能可能会被快速流动的空气效应取代。

回答 D 是正确的。在高速行驶，发动机产生的热量较多。若散热器因堵塞而不能向芯管传导额外的热量，将会导致发动机过热。

E.4

4. 回答 A 是错误的。蓄电池已通过负荷测试。

回答 B 是错误的。蓄电池已通过负荷测试，在短时间后应恢复其下降的电压。

回答 C 是正确的。蓄电池负荷测试标准是在 21℃时用冷起动电流的一半维持 15s，其电压不会降到 9.6V 以下。

回答 D 是错误的。该蓄电池已通过负荷测试，不需要进一步的测试。

C.11

5. 回答 A 是错误的。不使用钢制衬套。

回答 B 是正确的。仅技师 A 正确。使用青铜衬套是因为其具有良好的润滑特性。

回答 C 是错误的。仅技师 B 正确。

回答 D 是错误的。技师 B 是正确的。

B.6

6. 回答 A 是正确的。仅技师 A 正确。O 形圈式气门杆油封将弹簧固定器密封到阀杆上，是在安装气门弹簧和固定器并压缩弹簧后安装。

回答 B 是错误的。主动锁止式气门油封被压配在导管上，气门穿过它上下运动。

回答 C 是错误的。仅技师 A 正确。

回答 D 是错误的。技师 A 是正确的。

A.5

7. 回答 A 是错误的。技师 B 也正确。

回答 B 是错误的。技师 A 也正确。

回答 C 是正确的。两个技师都正确。机油可能通过后主油封泄漏。气门油封不良将导致机油流进燃烧室并燃烧掉。

回答 D 是错误的。两个技师都正确。

C.12

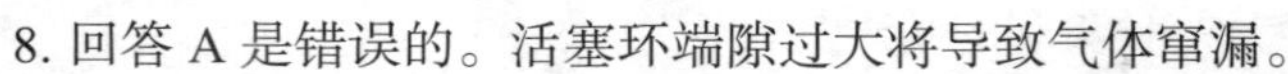

8. 回答 A 是错误的。活塞环端隙过大将导致气体窜漏。

回答 B 是错误的。活塞环端隙过小将导致粘结和折断。

回答 C 是错误的。两个技师都不正确。

回答 D 是正确的。两个技师都不正确。活塞环应尽可能可靠地密封气缸且不粘结。若活塞环端隙过大，即使活塞环受热膨胀也不能可靠密封，并因有足够大的间隙使过多的燃烧气体进入曲轴箱导致功率损失。活塞环端隙过小，在其受热膨胀时会在气缸筒中变得更小从而粘结在气缸壁上，导致拉缸以及活塞环或活塞损坏。

D.1

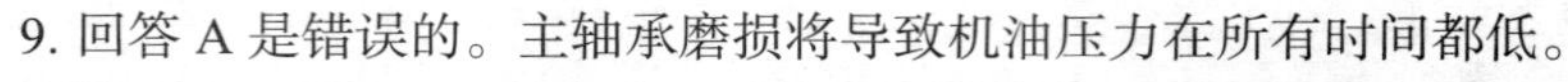

9. 回答 A 是错误的。主轴承磨损将导致机油压力在所有时间都低。

回答 B 是错误的。机油泵不良将导致机油压力在所有时间都低。

回答 C 是错误的。机油压力传感器不良将显示机油压力在所有时间都低。

回答 D 是正确的。若客户抱怨车辆在长距离行驶后机油压力减小，怀疑机油壳中污物被吸在吸油口滤网上，这将堵塞流向机油泵的机油。

B.8

10. 回答 A 是错误的。气缸盖温度对正确落座的气门将形成同心环状，其中心是最热处。

回答 B 是正确的。仅技师 B 正确。没有正确落座的气门在与座接触不良点的外侧较热。

回答 C 是错误的，仅技师 B 正确。

回答 D 是错误的。技师 B 是正确的。

A.2

11. 回答 A 是错误的。电气阻抗过大会减小流向起动机的电流，导致起动转速低。

回答 B 是错误的。能量不足的蓄电池不会提供足够的电流快速转动起动机。

回答 C 是正确的。正时传动带损坏，由于没有压缩形成，将导致起动转速快和造成无法起动的状况。

回答 D 是错误的。点火开关触点磨损会造成无电流或较小电流流向起动电路。

C.1

12. 回答 A 是错误的。并非所有前驱车的发动机都可从上部拆下。

回答 B 是正确的。仅技师 B 正确。某些前驱车的发动机拆卸需要将发动机和变速器连同副车架一起从汽车下部拆下。

回答 C 是错误的。仅技师 B 正确。

回答 D 是错误的。技师 B 是正确的。

A.3

13. 回答 A 是错误的。技师 B 也正确。

回答 B 是错误的。技师 A 也正确。

回答 C 是正确的。两个技师都正确。发动机后部机油泄漏可能是因为后主油封，但若通过外观检查不能确定，可将染色剂加入机油中，运转发动机，然后用紫外线灯检查是否泄漏。

回答 D 是错误的。两个技师都正确。

14. 回答 A 是错误的。机油压力应在机油传感器处进行检查。

E.1

回答 B 是错误的。发动机真空是用真空表检查，而不是压力表。

回答 C 是正确的。技师正在节气门体处检查燃油压力。

回答 D 是错误的。若是检查 PCV 系统，应使用真空表。

15. 回答 A 是错误的。气门弹簧弱会导致表针不稳定摆动。

A.6

回答 B 是正确的。仅技师 B 正确。点火正时不正确会造成低且稳定的读值。

回答 C 是错误的。仅技师 B 正确。

回答 D 是错误的。技师 B 是正确的。

16. 回答 A 是错误的。冷却系统中的铁锈通常沉淀在散热器的底部，因其密度比冷却液大。

D.6

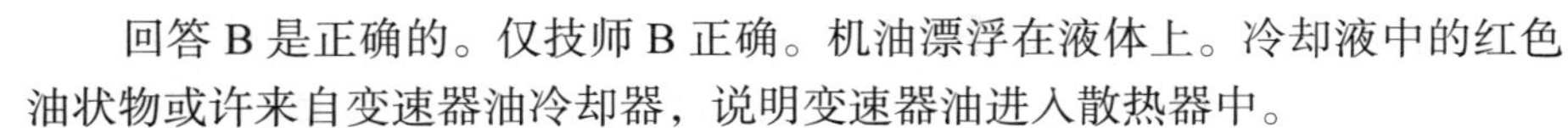

回答 B 是正确的。仅技师 B 正确。机油漂浮在液体上。冷却液中的红色油状物或许来自变速器油冷却器，说明变速器油进入散热器中。

回答 C 是错误的。仅技师 B 正确。

回答 D 是错误的。技师 B 是正确的。

17. 回答 A 是错误的。做功一致性测试不是要做的。他正在查找机械故障，不是点火或燃油故障。

A.9

回答 B 是错误的。气缸泄漏量测试可能需要做，但不是下一步的测试。

回答 C 是正确的。气缸湿式压缩压力测试将确定压缩压力是否是通过活塞环或其他地方造成损失的。

回答 D 是错误的。动态压缩压力测试是检查发动机运转中的换气是否正常，不应是下一步的测试。

18. 回答 A 是错误的。技师 B 也正确。

B.11

回答 B 是错误的。技师 A 也正确。

回答 C 是正确的。两个技师都正确。对采用推杆的发动机上，在高转速工作过程中，由于气门传动机构的间隙太小，挺杆会泵入机油并使气门保持开启，造成被活塞撞击、发动机失速。

回答 D 是错误的。两个技师都正确。

19. 回答 A 是错误的。当客户驾驶车辆进厂时，接待人员与客户交流，询问的问题不一定合适。

A.1

回答 B 是错误的。汽车因有问题进厂，尽管有时不能重现偶发性的问题，但客户仍希望进行维修。

回答 C 是错误的。若抱怨的问题不能重现，则无法继续维修。

回答 D 是正确的。若技师电话联系客户，技师可询问恰当的问题以确定故障。

20. 回答 A 是错误的。某些活塞销是同心的，其他的则是从中心偏移的。

C.10

回答 B 是正确的。仅技师 B 是正确的。某些 V 形发动机上的活塞销是向主推力侧偏移以减小活塞在压缩压力下的摇摆。

回答 C 是错误的。仅技师 B 是正确的。

回答 D 是正确的。技师 B 是正确的。

A.8

21. 回答 A 是错误的。技师 B 也正确。

回答 B 是错误的。技师 A 也正确。

回答 C 是正确的。两个技师都正确。湿式压缩压力测试使技师能够排除活塞环的问题。相邻气缸的压缩压力都低的读值通常表明气缸垫窜气。

回答 D 是错误的。两个技师都正确。

D.7

22. 回答 A 是错误的。技师 B 也正确。

回答 B 是错误的。技师 A 也正确。

回答 C 是正确的。两个技师都正确。传动带轮槽磨损会导致传动带在有负荷时打滑。若在起动过程中，张紧器不能提供足够的张紧力，由于发电机输出较高，传动带会产生尖叫。

回答 D 是错误的。两个技师都正确。

A.9

23. 回答 A 是错误的。机油压力表套件仅有一块表头。

回答 B 是错误的。压缩压力测试仪仅有一块表头。

回答 C 是正确的。这是气缸泄漏量测试仪。一块用于读取送入气缸的压力，另一块表记录该气缸正在维持的压力。

回答 D 是错误的。真空表套件仅有一块表头。

C.16

24. 回答 A 是错误的。RTV 不应用于燃油可进入接触的地方，否则燃油将造成密封退化。

回答 B 是正确的。仅技师 B 正确。生产的 RTV 是用其自身作为衬垫。

回答 C 是错误的。仅技师 B 正确。

回答 D 是错误的。技师 B 是正确的。

A.5

25. 回答 A 是错误的。运转在混合气过浓状态的发动机的尾气是黑色。

回答 B 是错误的。气缸内的机油燃烧会导致尾气是浅蓝色。

回答 C 是错误的。两个技师都不正确。

回答 D 是正确的。两个技师都不正确。白色的尾气并带有甜味表明冷却液已进入气缸内。

C.12

26. 回答 A 是错误的。技师 B 也正确。

回答 B 是错误的。技师 A 也正确。

回答 C 是正确的。两个技师都不正确。绝大多数新型发动机使用张力低的活塞环是为了减少阻力和改善燃油经济性。

回答 D 是正确的。两个技师都正确。

A.2

27. 回答 A 是正确的。应首先检查蓄电池的电压以确认是否有足够电量转动起动机。

回答 B 是错误的。若怀疑气缸内有液顶的状态，可拆去火花塞，但这不是首先要做的。

回答 C 是错误的。不符合标准的燃油压力会导致发动机无法起动，但不会导致发动机不能转动。

回答 D 是错误的。应首先检查蓄电池的电压。若点火开关或空档安全开关有故障，可旁路电磁阀。

28. 回答 A 是错误的。A 不是曲轴平衡配重。

E.5

回答 B 是正确。A 是磁阻环，它与曲轴位置传感器一起用于告诉 ECM 活塞在什么位置。

回答 C 是错误的。仅技师 B 正确。

回答 D 是错误的。技师 B 是正确的。

29. 回答 A 是错误的。曲轴主轴承磨损将导致机油压力低。

D.2

回答 B 是错误的。机油泵安全阀弹簧弱将导致在机油压力达到正确压力前允许机油从机油泵回流到油底壳。

回答 C 是错误的。压力安全阀卡滞在打开位置将导致机油压力低。

回答 D 是正确的。推杆油道堵塞将影响机油提供给摇臂，但不会影响机油压力。

30. 回答 A 是错误的。标示为 82℃的节温器在此温度开始打开。

D.9

回答 B 是正确的。仅技师 B 正确。标示为 82℃的节温器在此温度开始打开，在 104℃时完全打开。

回答 C 是错误的。仅技师 B 正确。

回答 D 是错误的。技师 B 是正确的。

31. 回答 A 是正确的。仅技师 A 正确。使用过的正时传动带被拆下，若继续使用，必须按照拆卸时的原转动方向装回，否则可能导致传动带损坏。

B.13

回答 B 是错误的。已被油污染的正时传动带将老化和失效。即使清洁了表面，已浸入传动带的油液是不可能被清除的。

回答 C 是错误的。仅技师 A 正确。

回答 D 是错误的。技师 A 是正确的。

32. 回答 A 是错误的。绝大多数情况下，旧冷却液是有害的，随意排放到地面上是违法的。

D.10

回答 B 是正确的。仅技师 B 正确。旧冷却液应由合法的垃圾处理公司回收和采用安全环保方式进行处理。

回答 C 是错误的。仅技师 B 正确。

回答 D 是错误的。技师 B 是正确的。

33. 回答 A 是错误的。发动机过载会导致所有主轴承下半片磨损。

C.5

回答 B 是错误的。因驱动附件的传动带过紧造成的磨损开始于 1 号主轴承上部并转移到最后一道主轴颈的下轴承片。

回答 C 是正确的。当发动机在一段时间内没有运转时会发生所谓的干起动状态。若主轴承表面上没有机油而又在开始运转过程中，则最后一道轴颈未得到机油压力前会显现更多的磨损。

回答 D 是错误的。曲轴变形通常显现在中间一两个主轴承磨损过多。

34. 回答 A 是错误的。传动带打滑发出的是尖叫声，不是哨声。

A.4

回答 B 是错误的。排气歧管泄漏将产生爆裂声或隆隆声。

回答 C 是错误的。发动机轴承失效将发出隆隆声。

回答 D 是正确的。进气歧管上的真空泄漏若发生在空气流量计后，由于未被计量的空气进入发动机会造成怠速粗暴。当空气被吸进发动机时将引起高频哨声。

B.7

35. 回答 A 是错误的。技师正在测量气门导管。

回答 B 是错误的。技师正在测量气门导管。

回答 C 是正确的。技师正在测量气门导管是否磨损以确定需要的维修。

回答 D 是错误的。技师正在测量气门导管。

E.6

36. 回答 A 是错误的。曲轴上的磁阻环与曲轴位置传感器之间的间隙过大会导致没有触发信号和不能起动的状况，但不会影响曲轴的转动。

回答 B 是错误的。曲轴位置传感器是永磁式传感器，不是热敏式的。

回答 C 是错误的。两个技师都不正确。

回答 D 是正确的。两个技师都不正确。曲轴上的磁阻环在与活塞对应的位置上有一定气隙。曲轴位置传感器产生一个磁场，当气隙通过时将被截断，从而使 PCM 知道该气缸的位置并在正确的时间驱动火花塞点火。若传感器与磁阻环之间的气隙过大，PCM 将接收到过弱的信号，或没有信号，此时将不驱动火花塞点火。

E.7

37. 回答 A 是错误的。技师 B 也正确。

回答 B 是错误的。技师 A 也正确。

回答 C 是正确的。两个技师都正确。有裂纹的排气歧管将使空气被吸入排气，使氧传感器感知到混合气稀的状态，这将引起 ECM 增加供油量导致燃油经济性降低。

回答 D 是错误的。两个技师都正确。

D.11

38. 回答 A 是错误的。使用压力测试冷却系统可使水泵处的泄漏更明显。

回答 B 是错误的。水泵内部密封失效将使冷却液从水泵泄漏孔流出。

回答 C 是错误的。水泵轴承变差会产生摩擦噪声。

回答 D 是正确的。水泵不会导致过度冷却，若水泵有故障，会导致发动机过热。

E.3

39. 回答 A 是正确的。仅技师 A 正确。

回答 B 是错误的。机械增压器是由发动机的传动带驱动的。

回答 C 是错误的。仅技师 A 正确。

回答 D 是错误的。技师 A 是正确的。

B.17

40. 回答 A 是错误的。TTY 螺栓提供更一致的夹紧力。

回答 B 是错误的。TTY 螺栓先拧到规定力矩，再转一个附加的角度。

回答 C 是正确的。TTY 螺栓伸长量符合制造商建议值，可继续使用。

回答 D 是错误的。TTY 螺栓用于某些连杆总成中。

D.12

41. 回答 A 是正确的。仅技师 A 是正确的。熔丝 A 为左侧冷却风扇提供电流。若该熔丝烧毁，左侧冷却风扇将不工作。

回答 B 是错误的。熔丝 B 为右侧冷却风扇提供电流，所以熔丝 B 不影响左侧冷却风扇。

回答 C 是错误的。仅技师 A 正确。

回答 D 是错误的。技师 A 是正确的。

E.1

42. 回答 A 是错误的。喷油器脉宽是由 ECM 控制，它接收来自曲轴位置传感器的信号。

回答 B 是正确的。仅技师 B 正确。素光测试灯被插入喷油器线束一侧的接头上用于确认喷油器的触发信号。

回答 C 是错误的。仅技师 B 正确。

回答 D 是错误的。技师 B 是正确的。

B.5

43. 回答 A 是错误的。技师 B 也正确。

回答 B 是错误的。技师 A 也正确。

回答 C 是正确的。两个技师都正确。气门固定器和气门杆上的固定器锁槽都必须检查是否有损伤。若不检查固定器和锁槽，当发动机运转时可能会松脱导致气缸和缸盖损坏。

回答 D 是错误的。两个技师都正确。

B.12

44. 回答 A 是错误的。不在此处添加垫片来调整间隙。

回答 B 是错误的。不在此处添加垫片来调整间隙。

回答 C 是正确的。间隙是通过转动螺母来调整的。

回答 D 是错误的。间隙是通过转动螺母来调整的。

E.2

45. 回答 A 是正确的。仅技师 A 是正确的。某些制造商在进气管路中使用一个空气滤清器状态的传感器。当空气流量受脏污的空气滤清器影响而减少时，该传感器由绿色变为红色。

回答 B 是错误的。空气滤清器传感器不是仪表显示的电气输入。

回答 C 是错误的。仅技师 A 正确。

回答 D 是错误的。技师 A 是正确的。

B.14

46. 回答 A 是错误的。绝大多数不使用凸轮轴轴承的气缸盖凸轮轴孔没有足够的空间来加大孔的尺寸和安装轴承片。

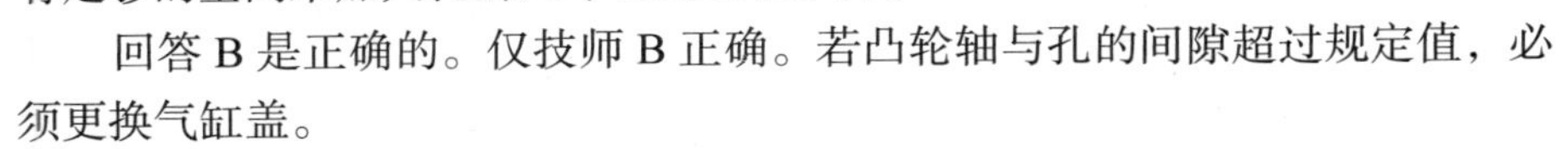

回答 B 是正确的。仅技师 B 正确。若凸轮轴与孔的间隙超过规定值，必须更换气缸盖。

回答 C 是错误的。仅技师 B 正确。

回答 D 是错误的。技师 B 是正确的。

B.15

47. 回答 A 是错误的。轴承安装不正确会导致凸轮轴粘结。

回答 B 是错误的。凸轮轴安装孔不同轴和变形将导致凸轮轴粘结。

回答 C 是正确的。由于凸轮轴轴承间隙大于规定值会导致机油流出，但它们不会造成凸轮轴粘结。

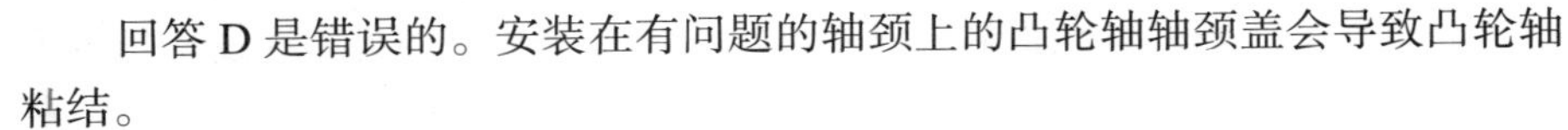

回答 D 是错误的。安装在有问题的轴颈上的凸轮轴轴颈盖会导致凸轮轴粘结。

A.7

48. 回答 A 是错误的。曲轴位置传感器不良会将影响所有气缸而不会恰好是一个。

回答 B 是错误的。节气门体处的真空泄漏将影响所有气缸。

回答 C 是正确的。若该气缸火花塞的高压线有问题，该气缸将不会点火和做功。

回答 D 是错误的。凸轮轴位置传感器有问题会影响所有气缸。

E.1

49. 回答 A 是错误的。技师 B 也正确。

回答 B 是错误的。技师 A 也正确。

回答 C 是正确的。两个技师都正确。在任何时间断开燃油喷射系统，泄放燃油压力以防止燃油喷溅和可能的伤害是重要的。依据该系统的类型，燃油系统的压力可能会高于 50psi（3.5bar）。

回答 D 是错误的。两个技师都正确。

A.4

50. 回答 A 是错误的。连杆轴承磨损将产生深沉的敲击声，没有爆裂或隆隆声，而且噪声不会消失。

回答 B 是错误的。冷起动时产生的挺杆噪声是轻微的“嗒嗒”声。

回答 C 是错误的。两个技师都不正确。

回答 D 是正确的。两个技师都不正确。该噪声最有可能是破裂的排气歧管或歧管衬垫所导致。在暖机后，由于材料膨胀，该噪声也许会消失。

模拟考试 6—标准答案

1. D	11. D	21. B	31. A	41. C
2. C	12. D	22. C	32. C	42. C
3. A	13. C	23. B	33. B	43. C
4. D	14. C	24. D	34. B	44. B
5. C	15. B	25. B	35. C	45. C
6. D	16. D	26. B	36. C	46. C
7. C	17. B	27. C	37. C	47. C
8. C	18. C	28. C	38. B	48. A
9. B	19. C	29. A	39. B	49. C
10. C	20. B	30. C	40. D	50. C

模拟考试 6—答案解释

C.1

1. 回答 A 是错误的。在发动机拆卸过程中，必须先取下自动变速器变矩器的固定螺栓，并将其推入变速器油泵以防止损坏油泵。

回答 B 是错误的。在发动机拆卸过程中，先不拆下安装在发动机上的发电机是可能的。最好是在拆卸发动机前尽可能少地拆其附件。在发动机拆下后，再拆卸零部件要容易得多。

回答 C 是错误的。两个技师都不正确。

回答D是正确的。两个技师都不正确。若变矩器跟随发动机一起拆下，变矩器的突出部分可能与变速器的油泵相接触而损伤泵体。由于发动机舱内比较狭窄，在拆卸中可被保留的任何附件、线束或其他部件在发动机拆离发动机舱并固定在台架后会更容易拆卸。这些部件可在发动机装车前重新装上。

2. 回答A是错误的。技师B也正确。

B.8

回答B是错误的。技师A也正确。

回答C是正确的。两个技师都正确。气门顶部呈蘑菇状的常见原因是气门间隙过大，与连续接触相比，摇臂会反复敲击气门顶部。若气门顶部呈蘑菇状，在顶部修整前是不能拆下的。若其被用冲头和锤子强力拆出，将损伤导管和气门。

回答D是错误的。两个技师都正确。

3. 回答A是准确的。中冷器减少进入燃烧室之前的空气的热量，该空气来自机械增压器。

E.3

回答B是错误的。中冷器不能冷却机械增压器。

回答C是错误的。仅技师A正确。

回答D是错误的。技师A是正确的。

4. 回答A是错误的。关闭较慢的粘结的进气门开启时间很长，使燃烧在完全封闭之前泄漏。

A.4

回答B是错误的。若点火正时不正确，火花会出现在进气门完全关闭之前而使燃烧泄漏。

回答C是错误的。进气门弹簧断裂或弱将不能足够快地关闭进气门，或许完全不能关闭，将使燃烧泄漏。

回答D是正确的。连杆轴承磨损的噪声是持续的，且该噪声的频率会随发动机转速提高而增加。

5. 回答A是错误的。技师B也正确。

B.10

回答B是错误的。技师A也正确。

回答C是正确的。两个技师都正确。空心的推杆用于向气门摇臂提供来自挺杆的机油。推杆是气门机构中最薄弱的部件，所以若活塞撞击气门，推杆会在气门杆前弯曲。

回答D是错误的。两个技师都正确。

6. 回答A是错误的。主轴承磨损将产生噪声但不会使机油进入燃烧室。

A.5

回答B是错误的。燃烧室内的过量燃油将产生黑烟从排气管排出。

回答C是错误的。两个技师都不正确。

回答D是正确的。两个技师都不正确。尽管主轴承磨损会引起噪声或发动机故障，但不会导致机油进入燃烧室，活塞环将阻止其发生。蓝烟是机油在燃烧室燃烧的一个特征。燃烧室中过量的未燃燃油可根据排气管中排出的黑烟来识别。

7. 回答A是错误的。冷却风扇将会被拆卸下来。

D.11

回答B是错误的。传动带是驱动风扇的，拆除传动带后，才可拆下水泵。

回答 C 是正确的。散热器不必拆下。

回答 D 是错误的。当拆卸水泵时，风扇挡风罩是必须拆下的。

B.8

8. 回答 A 是错误的。技师 A 也正确。

回答 B 是错误的。技师 B 也正确。

回答 C 是正确的。两个技师都正确。图中 A 显示的是气门边缘。加工后的气门边缘通常应不小于 0.79mm，这对不同的发动机会稍有差别，因此应始终按照制造商的规定进行检查。

回答 D 是错误的。两个技师都正确。

A.8

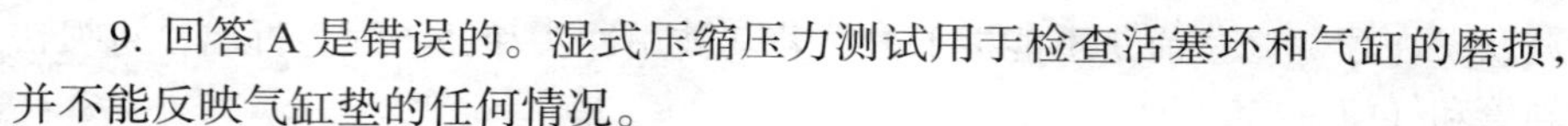

9. 回答 A 是错误的。湿式压缩压力测试用于检查活塞环和气缸的磨损，并不能反映气缸垫的任何情况。

回答 B 是正确的。仅技师 B 正确。在湿式压缩测试中，压力有效增加表明了活塞环和缸筒已磨损。机油暂时密封了缸筒中的活塞环和缸壁，提高了压缩压力。

回答 C 是错误的。仅技师 B 正确。

回答 D 是错误的。技师 B 是正确的。

C.16

10. 回答 A 是错误的。技师 B 也正确。

回答 B 是错误的。技师 A 也正确。

回答 C 是正确的。RTV 是制作衬垫的一种材料，使用 RTV 或新衬垫都可安装。

回答 D 是错误的。两个技师都正确。

D.10

11. 回答 A 是错误的。所有 OEM 使用的汽车冷却液都是乙二醇基的。不种类型的冷却液，其添加剂是不同的，通常会用颜色表明。

回答 B 是错误的。若不同配方的冷却液被混合，则防护性将降低，并且该混合液在冷却系统中会导致胶凝。

回答 C 是错误的。两个技师都是错误的。

回答 D 是正确的。两个技师都不正确。尽管所有 OEM 的汽车冷却液都是乙二醇基的，但添加剂包是不同的。制造商决定哪一种添加剂对其生产的发动机能给出最好的防护和最长的寿命。不同添加剂包用附加的染色剂颜色来表明。某些不同的添加剂包是不兼容的，若混合在一起，可能会降低防护性。因此最好使用 OEM 推荐的冷却液。

B.7

12. 回答 A 是错误的。塞尺对此测量是不适合的。

回答 B 是错误的。塞尺对此测量是不适合的。

回答 C 是错误的。塞尺对此测量是不适合的。机械式尺子对这种小尺寸的测量来说不是合适的测量工具。

回答 D 是正确的。在该测量中，小孔规用于将导管直径传送给螺旋测微器。

C.11

13. 回答 A 是错误的。技师 A 也正确。

回答 B 是错误的。技师 B 也正确。

回答 C 是正确的。两个技师都正确。在重新组装时，主轴承盖不能互换也不能装反，否则会导致曲轴扭曲。胀裂式连杆盖只能与它原先的连杆配装。

回答 D 是错误的。两个技师都正确。

14. 回答 A 是错误的。蓄电池连接松动也许会断断续续地提供起动电流。

A.2

回答 B 是错误的。空档安全开关磨损也许会导致间歇性接触。

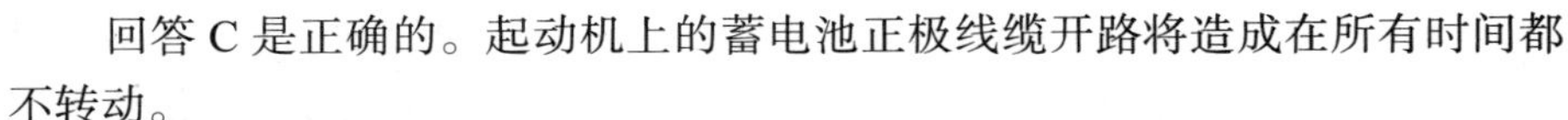
回答 C 是正确的。起动机上的蓄电池正极线缆开路将造成在所有时间都不转动。

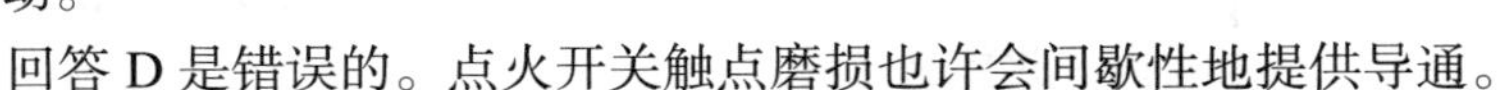
回答 D 是错误的。点火开关触点磨损也许会间歇性地提供导通。

15. 回答 A 是错误的。A 是散热器中变速器油的冷却器。

D.6

回答 B 是正确的。仅技师 B 是正确的。A 是自动变速器油的冷却器。

回答 C 是错误的。仅技师 B 正确。

回答 D 是错误的。技师 B 是正确的。

16. 回答 A 是错误的。油底壳衬垫是常见的机油泄漏处。

A.3

回答 B 是错误的。气门室盖衬垫是常见的机油泄漏处。

回答 C 是错误的。机油压力传感单元是常见泄漏点。

回答 D 是正确的。上部进气歧管衬垫不会有机油流过，这不会是机油泄漏的位置。

17. 回答 A 是错误的。用 45° 铰削气门座会使气门座的接触面更宽。

B.8

回答 B 是正确的。仅技师 B 正确。用 30° 铰削气门座顶部将向下移动气门接触面，并同时使气门座接触面变窄。

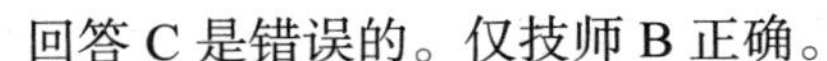
回答 C 是错误的。仅技师 B 正确。

回答 D 是错误的。技师 B 是正确的。

18. 回答 A 是错误的。用百分表检查曲轴主轴颈。

C.5

回答 B 是错误的。曲轴主轴颈使用传动带磨床进行抛光。

回答 C 是正确的。技师正在检查曲轴主轴颈径向跳动，查看是否弯曲。

回答 D 是错误的。曲轴不需要退磁。

19. 回答 A 是错误的。技师 B 也正确。

D.7

回答 B 是错误的。技师 A 也正确。

回答 C 是正确的。两个技师都正确。过紧的 V 形传动带向上拉动曲轴并会导致主轴承上轴承片磨损。它在水泵轴承一侧施加过大的压力，导致水泵外侧轴承早期损坏。

回答 D 是错误的。两个技师都正确。

20. 回答 A 是错误的。在一个工作不正常的气缸上，转速变化非常小，或完全没有变化。

A.7

回答 B 是正确的。仅技师 B 正确。对所有气缸来件，彼此之间的测试结果应在 ±10% 上下变化。

回答 C 是错误的。仅技师 B 正确。

回答 D 是错误的。技师 B 是正确的。

21. 回答 A 是错误的。某些活塞销是压配合的，不是全部。

C.11

回答 B 是正确的。仅技师 B 正确。某些活塞销是全浮式的。

回答 C 是错误的。仅技师 B 正确。

回答 D 是错误的。技师 B 是正确的。

A.9

22. 回答 A 是错误的。技师 B 也正确。

回答 B 是错误的。技师 A 也正确。

回答 C 是正确的。两个技师都正确。在气缸泄漏量测试中的压力损失可能是因已窜气的气缸垫泄漏进冷却系统导致的。当发动机运转时在散热器处检查是否有燃烧气体可确认此判断。

回答 D 是错误的。两个技师都正确。

B.8

23. 回答 A 是错误的。图中的 A 是进气门。

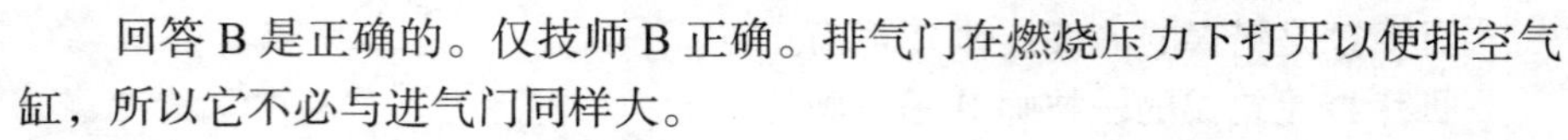

回答 B 是正确的。仅技师 B 正确。排气门在燃烧压力下打开以便排空气缸，所以它不必与进气门同样大。

回答 C 是错误的。仅技师 B 正确。

回答 D 是错误的。技师 B 是正确的。

C.4

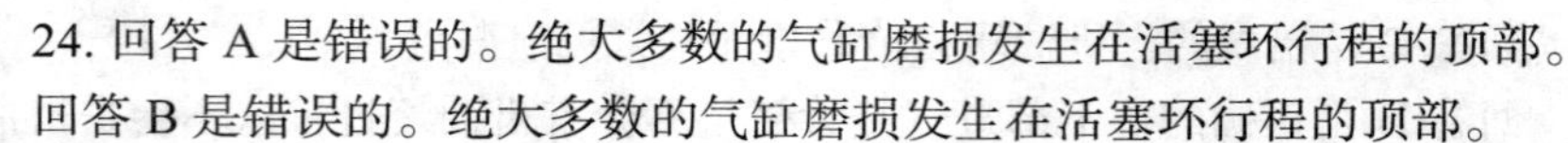

24. 回答 A 是错误的。绝大多数的气缸磨损发生在活塞环行程的顶部。

回答 B 是错误的。绝大多数的气缸磨损发生在活塞环行程的顶部。

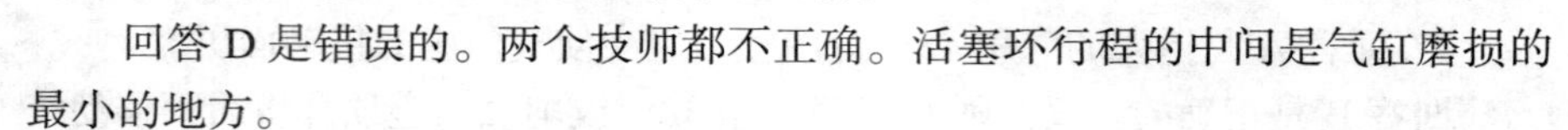

回答 C 是错误的。两个技师都不正确。

回答 D 是错误的。两个技师都不正确。活塞环行程的中间是气缸磨损的最小的地方。

活塞环行程的下部将显示相同的磨损，但活塞环行程的顶部是气缸磨损的最大的地方。在气缸的顶部，活塞在燃烧压力下换向，这将导致更大的压力和在其行程顶部的磨损。

B.13

25. 回答 A 是错误的。技师正在检查凸轮轴的径向跳动，凸轮在轴颈旁边。

回答 B 是正确的。仅技师 B 正确。技师正在检查凸轮轴的径向跳动。

回答 C 是错误的。仅技师 B 正确。

回答 D 是错误的。技师 B 是正确的。

A.6

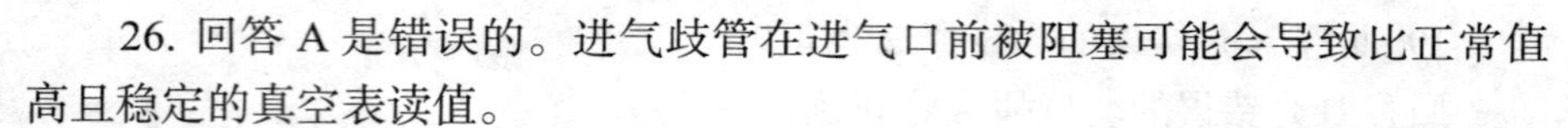

26. 回答 A 是错误的。进气歧管在进气口前被阻塞可能会导致比正常值高且稳定的真空表读值。

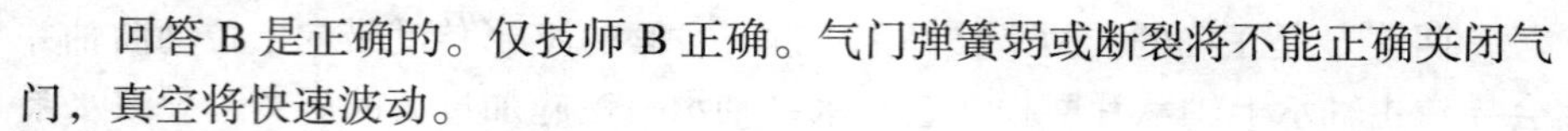

回答 B 是正确的。仅技师 B 正确。气门弹簧弱或断裂将不能正确关闭气门，真空将快速波动。

回答 C 是错误的。仅技师 B 正确。

回答 D 是错误的。技师 B 是正确的。

D.6

27. 回答 A 是错误的。技师 B 也正确。

回答 B 是错误的。技师 A 也正确。

回答 C 是正确的。两个技师都正确。散热器盖不能保持其额定压力将使冷却液在低于正常工作温度时沸腾，随之发生的冷却液缺失将导致过热。在停停走走的路况中，空气流动需要冷却风扇，而在高速行驶时，快速流动的空气将带走此热量。

回答 D 是错误的。两个技师都正确。

E.3

28. 回答 A 是错误的。活塞环磨损将会使机油进入燃烧室造成尾气中的蓝烟。

回答 B 是错误的。气门杆密封不良将使机油进入燃烧室。

回答 C 是正确的。PCV 阀卡滞在打开位置的原因不是在燃烧室内有机油。

回答 D 是错误的。涡轮增压器进气侧油封磨损将会把机油吸进燃烧室。

B.7

29. 回答 A 是正确的。应首先维修气门导管。气门导管为气门座的修复提供定位中心。

回答 B 是错误的。应首先维修气门导管，由于它被用于更换气门座或修复气门座的中心点。

回答 C 是错误的。仅技师 A 正确。

回答 D 是错误的。技师 A 是正确的。

E.5

30. 回答 A 是错误的。卡滞在打开位置的 PCV 阀会使未计量的空气进入进气。

回答 B 是错误的。卡滞在打开位置的 PCV 阀会使未计量的空气进入进气。这将在一个或多个气缸稀释空气和燃油的混合比例。

回答 C 是正确的。卡滞在打开位置的 PCV 阀不会引起空气在空气滤清器中被旁通，而卡滞在关闭位置则可能。

回答 D 是错误的。卡滞在打开位置的 PCV 阀会使未计量的空气进入进气，这可能稀释空气和燃油的混合比例至不能燃烧的程度。

A.9

31. 回答 A 是正确的。仅技师 A 正确。可接受的从一个气缸泄漏的量是 20%。这考虑了通过活塞环端隙的正常泄漏。

回答 B 是错误的。空气从进气歧管出来表明进气门泄漏。

回答 C 是错误的。仅技师 A 正确。

回答 D 是错误的。技师 A 是正确的。

E.1

32. 回答 A 是错误的。技师 B 也正确。

回答 B 是错误的。技师 A 也正确。

回答 C 是正确的。两个技师都正确。显示的系统是无回油管的燃油系统，该系统装有在燃油箱内的燃油泵和压力调节器。

回答 D 是错误的。两个技师都正确。

C.12

33. 回答 A 是错误的。活塞与缸筒的间隙通常是 0.025~0.050mm。

回答 B 是正确的。仅技师 B 正确。活塞与缸筒的间隙通常是 0.025~0.05mm，这是测量气缸筒和活塞后相减而得出的。

回答 C 是错误的。仅技师 B 正确。

回答 D 是错误的。技师 B 是正确的。

E.2

34. 回答 A 是错误的。仅技师 B 正确。进入的空气来自外部空气，不是发动机舱。发动机舱的空气温度比外部空气高，这会提高气缸温度。

回答 B 是正确的。在更换空气滤芯时，若没有清洁进气口，则其内部污染物可能会堵塞新的空气滤芯。

回答 C 是错误的。仅技师 B 正确。

回答 D 是错误的。技师 B 是正确的。

B.16

35. 回答 A 是错误的。仅技师 B 正确。

回答 B 是错误的。仅技师 B 正确。

回答 C 是正确的。两个技师都正确。在任何时间，若一个气门不能在正确的时间被关闭，活塞有可能接触到该气门，因粘结或卡住的气门关闭慢。若凸轮轴与曲轴不同步，活塞也可能会接触到气门。

回答 D 是错误的。两个技师都正确。

D.3

36. 回答 A 是错误的。技师 B 也正确。

回答 B 是错误的。技师 A 也正确。

回答 C 是正确的。两个技师都正确。机油冷却器或变速器油冷却器可能被安装在散热器侧水槽内。

回答 D 是错误的。两个技师都正确。

E.6

37. 回答 A 是错误的。技师 B 也正确。

回答 B 是错误的。技师 A 也正确。

回答 C 是正确的。两个技师都正确。火花塞高压线开路会导致点火线圈组内部产生至初级绕组的电弧，从而导致点火线圈，甚至点火模块失效。绝大多数线圈模组是多余火花的点火系统，因为它们在同一时间点燃两个火花塞。

回答 D 是错误的。两个技师都正确。

B.12

38. 回答 A 是错误的。当用机械方式调整气门时，必须使活塞处于压缩行程上止点以确保该气缸的所有气门被关闭。

回答 B 是正确的。仅技师 B 正确。某些发动机的凸轮轴可能作用在间隙调整垫和挺杆筒总成上，它们直接与气门顶端接触。

回答 C 是错误的。仅技师 B 正确。

回答 D 是错误的。技师 B 是正确的。

A.2

39. 回答 A 是错误的。压缩压力是发动机起动所需要的。

回答 B 是正确的。当发动机开始运转后，才会建立机油压力。

回答 C 是错误的。燃油压力和供给是发动机起动所需要的。

回答 D 是错误的。火花是点燃燃油所需要的。

A.1

40. 回答 A 是错误的。技师应进行路试已确认客户的抱怨。

回答 B 是正确的。询问客户以得到他能提供的涉及问题的所有信息是一个好的习惯。

回答 C 是错误的。原始的抱怨必须被确定以确保客户满意。

回答 D 是正确的。在诊断过程中，技师应从简单的开始直到复杂的测试。在进入复杂测试前，绝大多数的问题是可被判断和被修复的。

C.6

41. 回答 A 是错误的。技师 B 也正确。

回答 B 是错误的。技师 A 也正确。

回答 C 是正确的。两个技师都正确。检查主轴承孔同轴度的正确工具是直尺和塞尺。同轴镗可以修正同轴度不良的轴承孔。

回答 D 是错误的。两个技师都正确。

C.2

42. 回答 A 是错误的。技师 B 也正确。

回答 B 是错误的。技师 A 也正确。

回答 C 是正确的。两个技师都正确。气缸体上部的许多机油通道是用管塞进行密封的，在清洗过程中必须取下管塞以确保机油通道被彻底清洗。

回答 D 是错误的。两个技师都正确。

43. 回答 A 是错误的。技师 B 也正确。

A.4

回答 B 是错误的。技师 A 也正确。

回答 C 是正确的。两个技师都正确。机油液面低会减少泵到发动机顶部的机油量，使气门没有被润滑到。若气门机构各零部件之间间隙过大，直到调整前都将产生噪声。

回答 D 是错误的。两个技师都正确。

44. 回答 A 是错误的。用容量不正确的机油加注到曲轴箱可能会导致高于规定值的机油压力，从而使客户的发动机质保无效。

D.4

回答 B 是错误的。仅技师 B 正确。绝大多数制造商在机油加注口盖上印有机油的正确容量和在用户手册中规定了机油容量。

回答 C 是错误的。仅技师 B 正确。

回答 D 是错误的。技师 B 是正确的。

45. 回答 A 是错误的。技师 B 也正确。

B.1

回答 B 是错误的。技师 A 也正确。

回答 C 是正确的。两个技师都正确。大多数顶置凸轮轴式发动机需要先拆下凸轮轴，然后才能接近气缸盖螺栓。气缸盖应在冷却后再拆卸，以防止在拆下气缸盖螺栓后产生热变形，特别是铝制气缸盖。

回答 D 是错误的。两个技师都正确。

46. 回答 A 是错误的。凸轮轴轴承磨损会影响机油压力，而不是机油液面。

A.5

回答 B 是错误的。若曲轴后油封泄漏，则由于机油缺失，机油液面始终很低。

回答 C 是正确的。气缸盖上的回流孔阻塞将使机油存留在气门室盖内，然后慢慢流回油底壳。

回答 D 是错误的。机油泵泄漏会引起机油压力低，而不是使用的机油量。

47. 回答 A 是错误的。技师 B 也正确。

C.7

回答 B 是错误的。技师 A 也正确。

回答 C 是正确的。两个技师都正确。应检查所有连杆轴承的间隙以确保轴承与轴颈的间隙正确。

回答 D 是错误的。两个技师都正确。

48. 回答 A 是正确的。仅技师 A 正确。为缩小一个气缸压缩压力低的原因范围，下一步应进行气缸泄漏量的测试。

A.8

回答 B 是错误的。气门导管磨损不会导致压缩压力的损失。

回答 C 是错误的。仅技师 A 正确。

回答 D 是错误的。技师 A 是正确的。

D.13

49. 回答 A 是错误的。卡滞在关闭位置的节温器可导致发动机实际上过热。

回答 B 是错误的。散热器盖不良有可能导致实际上的过热状态。

回答 C 是正确的。若温度传感器损坏，它会导致温度表指示一个过热状态，但发动机实际处于正常工作温度。

回答 D 是错误的。节温器缺失将导致发动机过冷。

A.4

50. 回答 A 是错误的。仅技师 A 正确。在加速时，过度磨损的推力轴承会引起曲轴前后窜动，当曲轴向主轴承止推面窜动时，产生撞击噪声。

回答 B 是错误的。开裂的挠性板在裂缝弯曲时通常会发出尖利的破裂声或撞击声。

回答 C 是正确的。仅技师 A 正确。

回答 D 是错误的。技师 A 是正确的。